肌肉训练完全图解

功能性训练

Anatomy of Functional Training

Katerina Spilio Erica Gordon-Mallin

【美】卡捷琳娜·斯波里奥 埃丽卡·戈登马林 著

姚妍婷 译 张可盈 审校

人民邮电出版社

北京

图书在版编目（CIP）数据

功能性训练 /（美）斯波里奥（Spilio, K.），（美）
戈登马林（Gordon-Mallin, E.）著；姚妍婷译. -- 北京：
人民邮电出版社，2015.1
（肌肉训练完全图解）
ISBN 978-7-115-36975-8

Ⅰ. ①功… Ⅱ. ①斯… ②戈… ③姚… Ⅲ. ①肌肉－
健美－身体训练－图解 Ⅳ. ①G883.19

中国版本图书馆CIP数据核字(2014)第222762号

免责声明

本书内容旨在为大众提供有用的信息。所有材料（包括文本、图形和图像）仅供参考，不能用于对特定疾病或症状的医疗诊断、建议或治疗。所有读者在针对任何一般性或特定的健康问题开始某项锻炼之前，均应向专业的医疗保健机构或医生进行咨询。作者和出版商都已尽可能确保本书技术上的准确性以及合理性，且并不特别推崇任何治疗方法、方案、建议或本书中的其他信息，并特别声明，不会承担由于使用本出版物中的材料而遭受的任何损伤所直接或间接产生的与个人或团体相关的一切责任、损失或风险。

内 容 提 要

本书全面系统地向读者解析了功能性训练所囊括的横向运动、纵向运动、平衡度训练、灵活度训练、耐力训练等日常生活中比较实用的运动。这些运动将有助于保持脊柱的弯曲度，增加核心肌群的稳定性，紧实肌肉，提高平衡性，以及增加身体的活力，以便应对生活中的任何挑战。本书采用分步式的讲解方式，同时辅以相关训练动作的解析图片，详尽地展示了人体主要的活跃肌肉以及稳定肌肉的运动情况。另外，书中包含的约数百余幅三维图解，将为读者详细说明与每项运动相关的肌肉部位。此外，每项训练动作都包含全面的专家提示（包括最佳锻炼部位、锻炼目标、益处、避免事项、正确做法、变化练习等），以及每个动作中所涉及的肌肉部位列表，以帮助您深入了解自己的身体情况，选择正确的锻炼方案。

通过对本书的学习，读者可以有效地掌握健美塑身、核心肌肉、工作娱乐间隙塑身、大腿放松、提神、强度与延伸、背部护理、压力缓解、身体平衡等功能性训练方法，帮助自己获得从头到脚的完美蜕变。

◆ 著　　　[美]卡捷琳娜·斯波里奥（Katerina Spilio）
　　　　　　埃丽卡·戈登马林（Erica Gordon-Mallin）
　 译　　　姚妍婷
　 责任编辑　李　璇
　 责任印制　周昇亮
◆ 人民邮电出版社出版发行　　北京市丰台区成寿寺路 11 号
　 邮编　100164　电子邮件　315@ptpress.com.cn
　 网址　http://www.ptpress.com.cn
　 北京宝隆世纪印刷有限公司印刷
◆ 开本：700×1000　1/16
　 印张：10　　　　　　　　2015 年 1 月第 1 版
　 字数：229 千字　　　　　2025 年 7 月北京第 33 次印刷
　 著作权合同登记号　图字：01-2014-4363 号

定价：48.00 元
读者服务热线：**(010)81055296** 印装质量热线：**(010)81055316**
反盗版热线：**(010)81055315**

目录

为生活而锻炼

功能性训练可以帮助每一个锻炼的人获得从头到脚的完美蜕变。更多的锻炼可以帮你更加有力地掷球，帮你在网球场上打出漂亮的一击，或者在游泳池的快速道多游几个来回。同样，不论你的年龄多大，不论你的体能如何，长期的功能性训练能帮你强健体魄，让你在爬楼梯、追公交车或者伸手去拿书架顶层的书本的时候都不会觉得吃力。

在功能性训练中，肌肉至关重要。研究表明，我们体内的许多肌肉都是相互关联、协同运动的。一块肌肉的运动会触发身体其他部分的运动。功能性训练通过将多项运动组合在一起而使许多肌肉组织同时得到锻炼。功能性训练囊括了横向运动、纵向运动以及平衡度训练、灵活度训练、耐力训练等日常生活中比较实用的运动。

形式与功能

在功能性训练当中，质量重于数量。你的目标并非如你下意识的那样，为了尽可能多地重复练习而将动作仓促完成。相反，你要做出标准的动作，并在此基础上尽可能多地重复这些标准动作。

当你发现你的动作开始不规范——例如，耸肩或者你的躯干弯曲到了另一个侧——你应该转换一下，做另一组不同的动作练习，而不是再把错误的动作多做几遍。多做几种不同的训练动作可以使更多的肌肉组织更加紧致。

为什么？

为什么动作的形式如此之重要？不论我们怎么运动，卡路里不都在被消耗吗？

如果你是个久坐不动的人，你所谓的运动只是站起来四处转转，那么不论你做什么或是怎样做，都比坐着不动更有益你的身体健康，你应该庆幸你自己还活动了那么两下。但是，不论是为了塑身的诉求亦或是为了缓解持续性疼痛，倘若健身是你生活中的一个重要组成部分，准确地完成训练动作就变得意义非凡。而不论出于什么原因，这都是你运动的真谛。

对于长期锻炼的人来说，正确的运动姿势对你有很大的益处。如果你将注意力投入你的动作姿态，在你锻炼的过程中按照书上的指示来完成大部分动作，你腿部、手臂甚至全身的肌肉都会得到书中所描述的相应的锻炼，而这会使你的肌体避免在剧烈的运动之后产生疼痛，能够使你再度投入锻

炼中，更不用说完成像弯曲、提举以及旋转这些日常生活中会做到的动作。

在同一时间锻炼一组肌肉能够帮助你缓解肌肉组织锻炼的不平衡。在日常生活中经常使用到的肌肉要比其他肌肉更加坚韧，并且能够帮助其他较弱的肌肉组织分担力量——有时会造成这些肌肉组织的不适，甚至疼痛。例如，当你只参加了单车课程，你可能会发现，经过锻炼，你的四头肌开始变得非常强壮，然而你的股后肌群却只能负荷二级训练。而这可能导致你的膝盖疼痛或者出现其他问题。对此，你需要在你的日常锻炼中加入类似提举这样的动作训练，从而使你的四头肌在新的强度训练中得到平衡。

重中之重，功能性训练的训练技巧要比你只注重身体灵活度、平衡性以及动作组合训练在肌肉训练上有更为明显的效果，并且还能够帮你锻炼出更好的身体素质。多部位的肌肉训练能帮助你强化肌肉，更加有效地塑造出健美体态，不辜负你在健身房里或健身毯上挥洒的汗水。

通过在日常锻炼中增加互补性训练来缓解肌肉锻炼的不平衡。

运动锻炼小贴士

将这些小贴士应用于本书中的各项锻炼，可以帮你在锻炼中得到提高。

- 身体既不要过分紧绷也不要过于放松。例如，当你在做"升级版"的平板支撑（在平板支撑的同时将一只手臂平举）的时候，试着让你的手肘保持一定的弧度，这样才能使你的肌肉而不是韧带得到锻炼。并且，不论你的关节是否处于运动，都不要让你的关节锁住。你的目标是在运动中得到锻炼，而不是找到一个舒服的姿势休息。

- 每次动作重复结束后，注意你的结束动作。在举重的时候，我们时常将重物举过头顶，然后随意地将其放下，而这个过程有可能拉伤我们的脊骨，并且，浪费了一次锻炼臂膀、强化腹肌的机会。结束动作是我们强健肌肉的又一次机会，重视结束动作，将它的最大益处发挥，避免损伤。

- 追求平衡。以外展训练为例，每一次外展训练都会帮助你的身体得到锻炼，同样，每一个弯曲、每一个伸展亦是如此。追求平衡能使你的肌肉均等地得到锻炼，释放出它们的所有潜能。

- 如果某一个运动练习导致应激反应或扭伤，你需要暂停练习一至二周。然后从相对简单的训练再次开始，观察你身体的反应，然后再适度增加难度。例如，增加负重或者增加重复的次数。

- 在大多数练习以及日常生活中，试着想象将你的肚脐贴近你的脊骨。小腹收紧，不要外凸，但同时注意不要"吸肚子"，坚持正常的呼吸方式。

- 没有人喜欢膝关节疼痛。如果跪着或者蹲着的时候，膝盖接触到地面会引起不适，你可以把毯子卷好，放在膝盖下面。千万不要把泡沫轴放在膝盖上滚动，不过，在膝盖上方或膝盖下方的区域滚动是可以的。

- 你脊椎上的肌肉理所应当地呈现出"S"形曲线。这有时被称为你脊椎的自然弧度。适宜的运动姿势契合你的自然弧度。因此，如果可能的话，你的背部既不应该向前弯曲，也不应该拱起。

- 无论你坐在办公室还是在驾驶中，注意你的坐姿。你是否向一侧倾斜？你的下腹部是否收紧？你的后背是否拉紧？也许你的腰部需要再出一些力。如果你发现你自己扭到了某一侧，你要有意识地通过锻炼来纠正这种不平衡。除了自我意识的培养外，这也有助于防止扭伤以及可能出现的损伤。

- 通常，当你开始举重或手臂抓握等运动的时候，你需要提前准备吸气，然后呼气。很快，你会掌握呼吸节奏，并且会发现呼吸可以帮你完成你的锻炼。在你运动的过程中，呼吸可以帮你释放紧张，更好地控制你的身体。深吸一口气然后将它全部呼出，这样的练习能够锻炼到肺部，提高你的肺活量。简而言之，呼吸对你的功能性训练大有益处。吸气的时候将你的腹部隆起，呼气的时候使你的小腹放平。

学习如何执行你的日常训练，看看哪些功能性训练能帮你事半功倍。

一种实用的生活方式

生命在于运动。作为哺乳动物，人类的体格由长期的进化演变而来，爬树登山、捕猎觅食，人类每天都在为了生存和大自然斗争。然而讽刺的是，当下的人们在日常生活中往往缺乏锻炼，而这使得我们不得不又一次为了生存而战，去与 II 型糖尿病和高胆固醇等疾病做斗争。

通过定期锻炼，尤其是有意识的功能性训练，我们的身体能回到自然状态。想要看到更多健身的好处，你可以为自己制订锻炼计划，每周进行三次四十五分钟的锻炼。随着时间的推移，试着增加课时量，最终的结果也许是你的身体状态得到了翻天覆地的变化，你的胆固醇降低了，身体脂肪减少了，你的身体和心理都得到了改善。虽然后面的分步指导会告诉你每项运动需要重复多少次，但这只是唯一的准则，不应该成为你锻炼的重点。相反，你的目标是保证每次动作都以标准的姿势完成。一旦你感觉到你的背部拱起，你的腹部向外突出，或者你的手臂只是在胡乱挥舞，不论你运动的速度多快，或者你完成的动作组多多，你的这些"运动"大部分都是无用功。

衡量进展

如果你并不想匆忙地完成你的功能性深蹲俯卧跳或者草草地做几组坐式俄罗斯扭转，那么在你的功能性训练的过程中都需要注意什么呢？

随着时间的推移，你会发现，你能以标准动作完成的动作的次数在不断地增加。以一个平均体重的人为例，在完成30组类似登山者这样的练习之后会感觉到肌肉的疲惫。使用正确的姿势尽可能多地完成训练能使肌肉更加强健，获得更佳的耐力。在每两组练习中间进行短暂的休息能够使你的心肺更好地适应，同时有益于你的心血管。

按照你脑中记得的动作姿势，你可以用完成的组数，或者完成的速度来估算你的进展。当你在做功能性训练的时候，试着问问自己：运动是否已经成为你的习惯？我的肌肉是否已经牢牢记住那些好的运动习惯？我是否因此感受到了日常锻炼中运动带给我的，过去常常被我忽视的专注力、灵活性、力量以及优美。

每次做髂胫带伸展的时候试着再向下拉伸一点。

运动器材

　　各式各样的运动器材能使你的功能性训练更加丰富多彩。在接下来的训练中你会使用到例如本页所陈列的这些器材。

健身实心球——一个有一定重量的球体，通过为传统训练增加重量来达到强度训练的目的。

瑞士球——用于盆骨和腹部肌肉训练的充气球，也可以为常规训练增添乐趣。

泡沫轴——约3英尺长6英尺宽的圆柱体，用于肌肉放松。

体操棒——带有一定重量的棒子，用于阻力训练、伸展运动以及平衡性训练。

踏板——用于动力式肌肉训练以及增强式肌肉训练的坚固的起跳平台。

哑铃和杠铃——两段安装有重力盘或重力球

的铁棒，用于肌肉训练。杠铃比哑铃更大、更重。

弹力带——一条柔软的、紧绷的带子，利用拉伸的反作用力来锻炼肌肉。

弹力带

哑铃和杠铃

健身实心球

瑞士球

泡沫轴

踏板

注意你的核心肌群，使你的脊柱保持自然的S曲线，或者你可以曲膝提臂，你会感觉到这个动作的效果。如果你追求身体的灵活度，你需要制订更充分的运动计划，刚开始做髂胫带伸展的时候，你的手掌也许不能完全着地，但随着你不断练习，最终，你可以一步到位地完成这个动作。

许多练习包含的运动元素都很相似，你需要花一些时间来重新认识它们。比如你可以草草地做完一套俯卧撑，然而在功能性训练中，你的肌肉会带领你重新认识这项运动。观察运动中的自己是可取的。开始的时候，你可以试着盯着镜子中的自己，或是请你的好友来监督你的动作完成的如何。保证你的脚趾紧贴地板，脖子的拱起不会使你不舒服，收紧你的腹部，使你腹部肌肉朝肚脐的方向靠拢。留意你胳膊、大腿上的肌肉，核心肌群，甚至臀部的肌肉，让它们都保持紧实，协同运动。你将能感受到俯卧撑带给你的新的感觉与益处。

掌握正确的姿势，了解肌肉的功能能使类似俯卧撑这样的运动效果更佳。

能量补充

饮食对于你的健身计划来说，起着重要的补充作用。想要获得更好的健身效果，你需要在饮食安排上下功夫。食物除了能饱口腹之欲，最重要的是，它们还为人类的日常生活提供了能量。

由于个人身体所需的不同，并没有适合所有人的固定健康食谱。最重要的是定期验血，检查胆固醇值，检查各类维生素的摄取是否足够。同时，也要根据自己的身体反应做出调整：如果每天午餐后都犯困，那可能是因为三明治中的碳水化合物或甜点中的食用糖让你的血糖达到了一个峰值。不断调整自己的饮食，记住不同饮食给你带来的不同感觉同样也非常重要。

健康的膳食选择将为你的功能性训练锦上添花。

重中之重

对于我们中的大部分人来说，变瘦是最首要的任务。减掉一磅体重需要消耗3500卡路里。减重的关键在于我们消耗的卡路里要大于摄取。除了制订运动计划，你可以尝试记录饮食日记。你会发现记录食物摄入量这样一个简单的行为会对你吃多少食物有着巨大的影响。

友情提示：当食欲袭来，不要剥夺自己吃的权利。相反，你可以纵容自己稍稍地吃一点。在吃的过程中，当享受美食的乐趣逐渐消失，当你发觉再吃一口已经变成一种负担的时候，你可以停止进食了。面对美食，我们常常会忽略自己的胃容量到底有多大。我们的身体需要用20分钟的时间来消化、处理我们吃过的所有食物。

正如功能性训练应该被融入到你的日常生活中一样，饮食应该成为你的多彩生活的一部分，为你的生活服务，而不应阻碍你的生活。

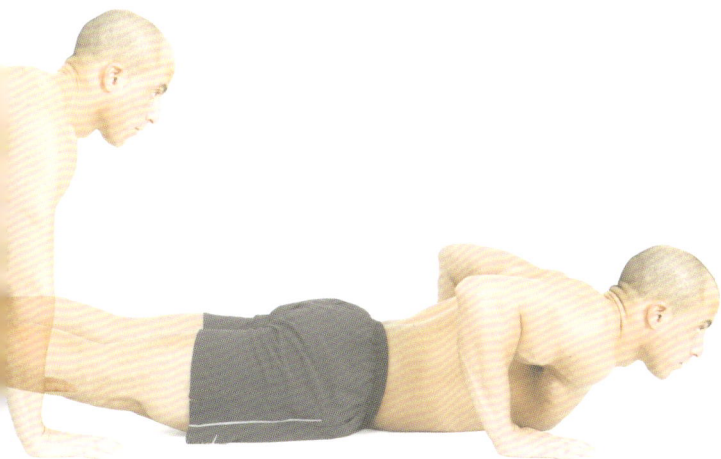

善待自己

与你的身体对话是功能性训练的一个重要组成部分。下面这些提示将帮助你的身体更好的运动，并克服运动带给你的疲劳感。

- 热身运动。你可以原地跑，跳舞，在花园里或者街上快走，或是在厨房中进行一组障碍训练—不论如何，这些运动能帮助你的肌肉热身。热身运动至少做5分钟，最理想的时间是15分钟。

- 在运动中保持呼吸节奏。你会感到惊讶，原来在运动中屏住呼吸是那么容易—事实上，这是人的自然反应。同样当面临一项新的，或者有压力的任务的时候，无数的原因会使人的呼吸变得急促。久坐不动的生活方式、焦虑、鼻塞都可能是原因。如果你发现在运动中你总是屏住呼吸或者呼吸急促，你需要提醒你自己自然地深呼吸，感受呼吸带给你的舒适感。

- 如果身体受到损失，使用功能性训练的技巧来帮助恢复。例如，髂胫带、阔筋膜张肌的某一部分出现损伤会引发侧膝关节、髋关节或者背部的疼痛。当你的某些部位出现疼痛的时候，不要忘记功能性训练的动作。除此之外，这些运动中有许多都被纳入物理治疗的程序。你可以咨询你的医生或者治疗师，选择合适的动作作为术后、伤后的恢复训练。

- 保持体内水分。如果你开始感到口渴，这意味着你已经接近脱水状态了。在你触手可及的地方放一瓶矿泉水。

- 在锻炼之后，你需要花一些时间来缓和、伸展、放松你的肌肉。

水分对于任何运动来说都是重要的一部分。在你触手可及的地方放一瓶矿泉水。

使用本书

好好阅读这本书，把它变成可以帮助你身体机能解码的帮手。

首先由自身体重训练开始。在训练的过程中，注意"正确做法"以及"避免"这样的提示框。当你的身体能够驾驭自身体重训练，你可以开始进行负重训练，从而锻炼你的肌肉，然后再进行持续性训练，让你的身体更加健康。

在本书的最后一章，你会了解伸展与放松练习。这些练习将帮助你放松感到紧张、有压力的身体部位，运动的效果甚至可能是立竿见影的，你可能马上就能感觉到身体的放松。放松的时候可以做一下功能性训练扭转。将你的身体看作一个统一的整体，而不是各个身体器官的堆积。例如，在进行阔筋膜张肌放松的时候，利用你上臂的力量来调整你腿部的动作，让腿部与泡沫轴更好地配合。

接下来的内容将帮助你认识肌肉以及在某个动作中哪些肌肉是会运动到的。当你在锻炼的时候，想象一下，这些动作不仅帮你燃烧脂肪，同时也在帮你塑造肌肉。从某些方面来说，这些动作能给你的身体带来内在的好处，譬如帮助你提高体能。而侧栏的"益处"和"有助于"这两项会为你解释这项运动的好处。

本书的最后是关于锻炼的一些指南，这些指南将帮你调整你的姿势，帮你释放一天工作的疲劳，进入锻炼状态。尽管书中有关于功能性训练的详尽指导，但最重要的还在于你自己的探索。我们希望你能从书中找到你想要的，锻炼出强健的体魄。

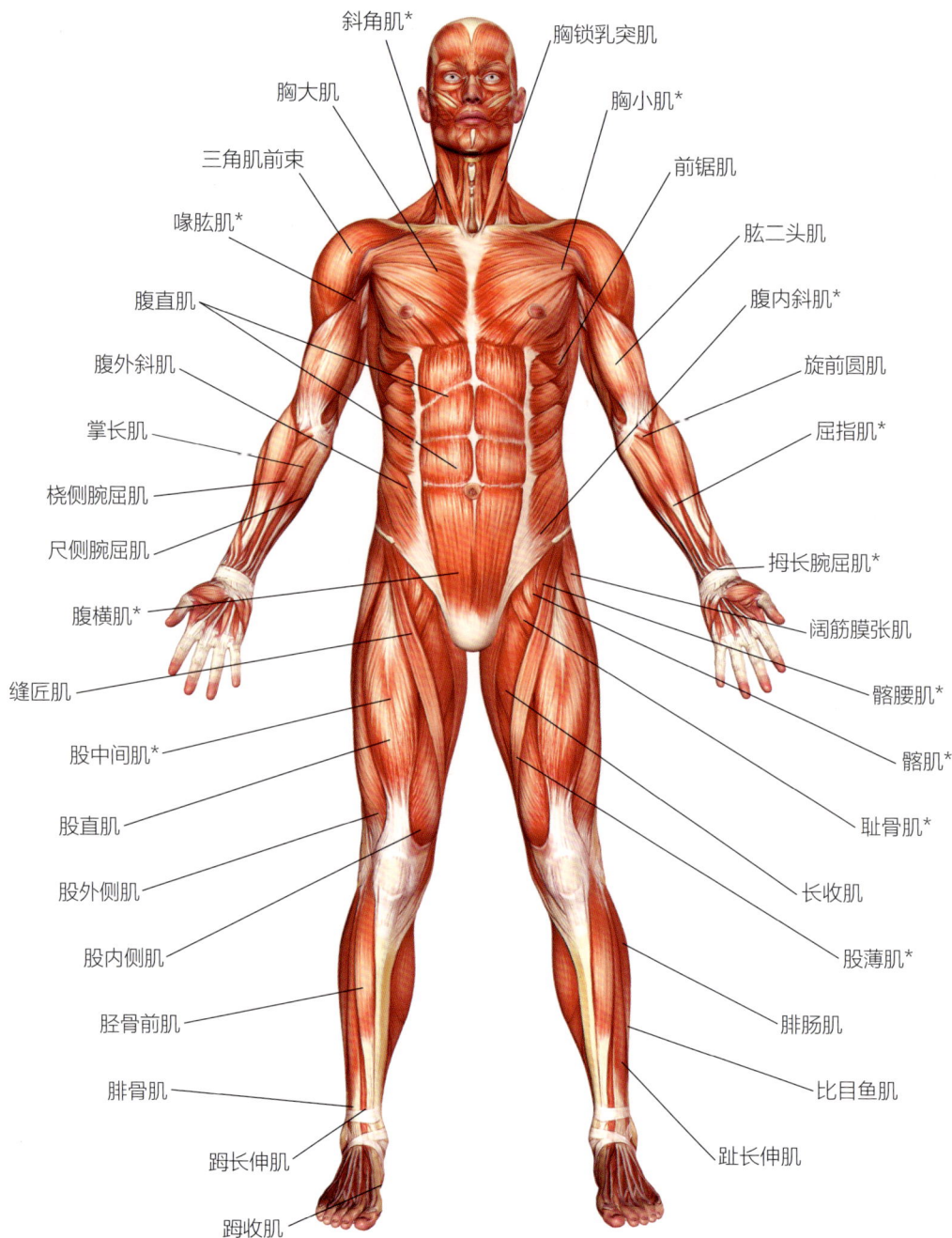

人体构造

正面

斜角肌*

胸锁乳突肌

胸大肌

胸小肌*

三角肌前束

前锯肌

喙肱肌*

肱二头肌

腹直肌

腹内斜肌*

腹外斜肌

旋前圆肌

掌长肌

屈指肌*

桡侧腕屈肌

尺侧腕屈肌

拇长腕屈肌*

腹横肌*

阔筋膜张肌

缝匠肌

髂腰肌*

股中间肌*

髂肌*

股直肌

耻骨肌*

股外侧肌

长收肌

股内侧肌

股薄肌*

胫骨前肌

腓肠肌

腓骨肌

比目鱼肌

蹈长伸肌

趾长伸肌

蹈收肌

16

半棘肌*

夹肌*

菱形肌*

肩胛提肌*

斜方肌

冈上肌*

冈下肌*

大圆肌

三角肌中束

竖脊肌*

三角肌后束

背阔肌

小圆肌

肱桡肌

肱三头肌

指伸肌*

肘肌

腰方肌*

多裂肌*

臀中肌*

上孖肌*

臀小肌*

股方肌*

梨状肌*

闭孔内肌*

髂胫束

闭孔外肌*

臀大肌

股外侧肌

半腱肌

下孖肌*

股二头肌

大收肌

半膜肌

跖肌

胫骨后肌*

腓肠肌

跗长屈肌*

比目鱼肌

距骨滑车

趾长屈肌

小指展肌

体重训练

功能性训练的关键在于有效的运动。在你要增加重量或者开始阻力练习前，好好体会下面这些动作。经过锻炼，这些动作能帮你增强耐力，提高灵活度，加强力度以及稳定性—同时帮你燃烧体内的卡路里，塑造完美的身材。时刻牢记，将你的身体作为一个统一的整体。你的目标是使整个身体得到锻炼，而不是单独锻炼某一部位肌肉。

热身障碍训练

① 在地上设置七个小型障碍物，将它们摆成一个三角形和一个正方形。

避免
- 在任意一点停止
- 在整组运动中速度太快

益处
- 帮助肌肉热身
- 提高身体灵活度

有助于
- 网球
- 所有的田径运动

② 绕着三角形内的所有障碍物小步快走。

③ 在正方形前站定，向前跳至正方形的中间。然后完成一次跳起展体练习。

④ 向前跳至正方形外。慢跑跑回第一步开始的原点，重复以上动作。

正确做法
- 在整组运动中保持稳定的步伐
- 小步向前，注意身体的协调
- 躯干保持挺直
- 腹部肌肉保持紧实状态

腹直肌

阔筋膜张肌

股中间肌*

股直肌

股内侧肌

多裂肌*

臀中肌*

臀小肌*

半膜肌

股外侧肌

半腱肌

股二头肌

腓肠肌

腹直肌

股中间肌*

股直肌

股内侧肌

臀中肌*

阔筋膜张肌

股二头肌

腓肠肌

解析关键

粗体字代表此动作锻炼的目标肌肉

灰色字代表运动到的其他肌肉

*代表深层肌肉

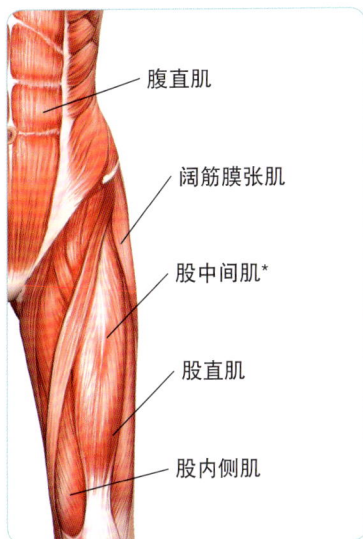

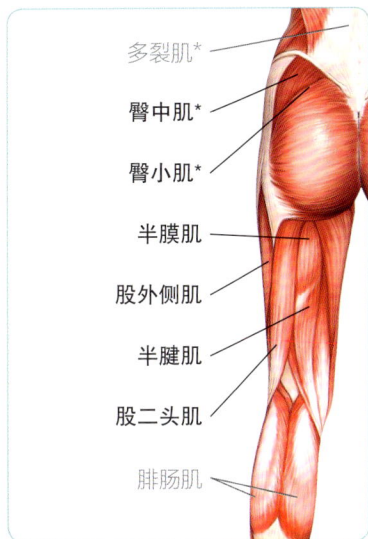

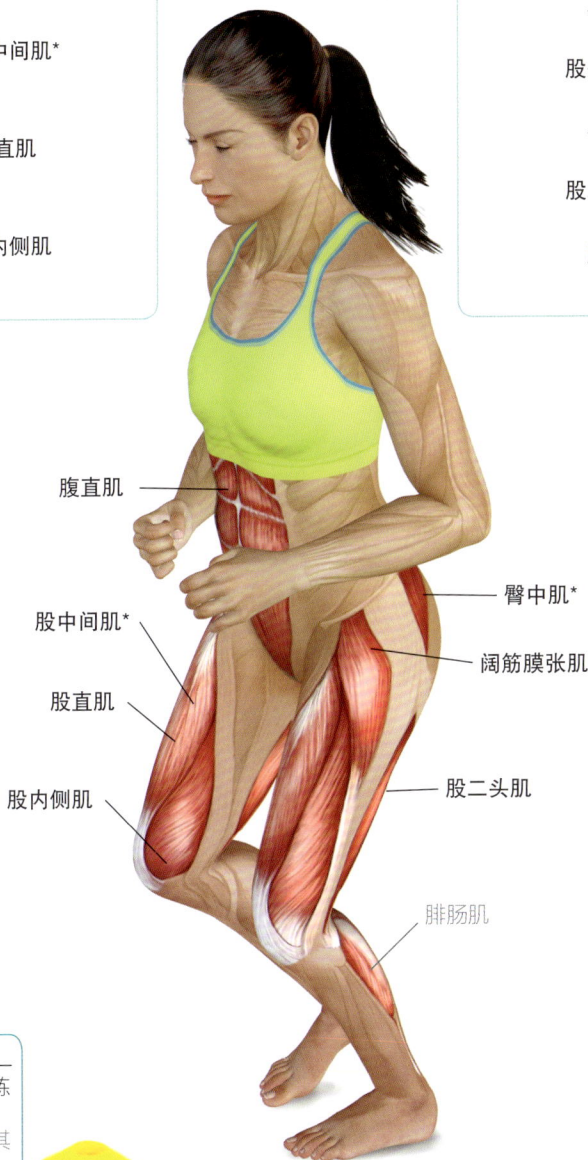

最佳锻炼部位

- 股直肌
- 股外侧肌
- 股中间肌*
- 股内侧肌
- 股二头肌
- 半腱肌
- 半膜肌
- 臀中肌*
- 臀小肌*
- 阔筋膜张肌
- 腹直肌

斜向划臂

体
重
训
练

❶ 直立站好，双脚打开与胯同宽，两臂放在身体两侧。

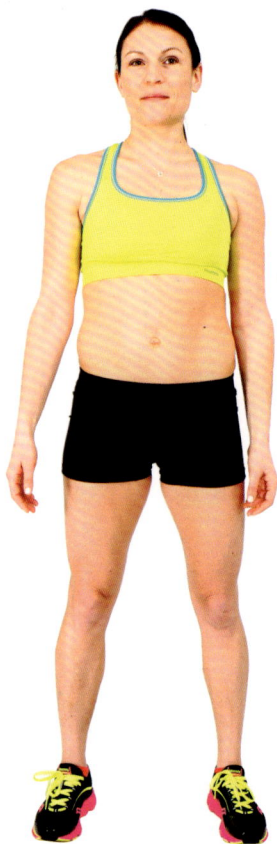

❷ 双臂向上、向右划斜线。眼睛直视手臂。放下双臂，回到准备动作。

❸ 完成反方向的动作。整组动作重复12次。

益处

• 伸展并紧实扭动到的肌肉

有助于

• 网球
• 高尔夫球

避免

• 臀部扭动
• 腹部向外凸出
• 耸肩
• 举起或放下手臂时绷紧脖子

正确做法

• 保持腹部肌肉紧实
• 保持臀部正对前方
• 两肩放平

最佳锻炼部位

- 腹直肌
- 腹内斜肌*
- 腹外斜肌

解析关键

粗体字代表此动作锻炼的目标肌肉

灰色字代表运动到的其他肌肉

*代表深层肌肉

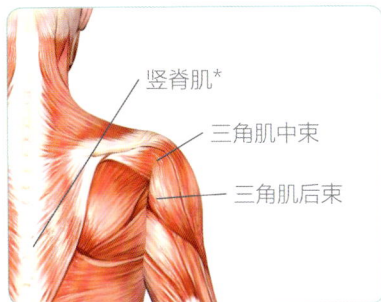

喙肱肌*

胸大肌

胸小肌*

腹直肌

髂腰肌*

股直肌

三角肌前束

三角肌中束

三角肌后束

腹外斜肌

腹内斜肌*

竖脊肌*

三角肌中束

三角肌后束

变化练习

难度加大：双臂朝一侧抬高，使手臂与身体所成的夹角的弧度加大，同时将另一侧的脚抬离地面。

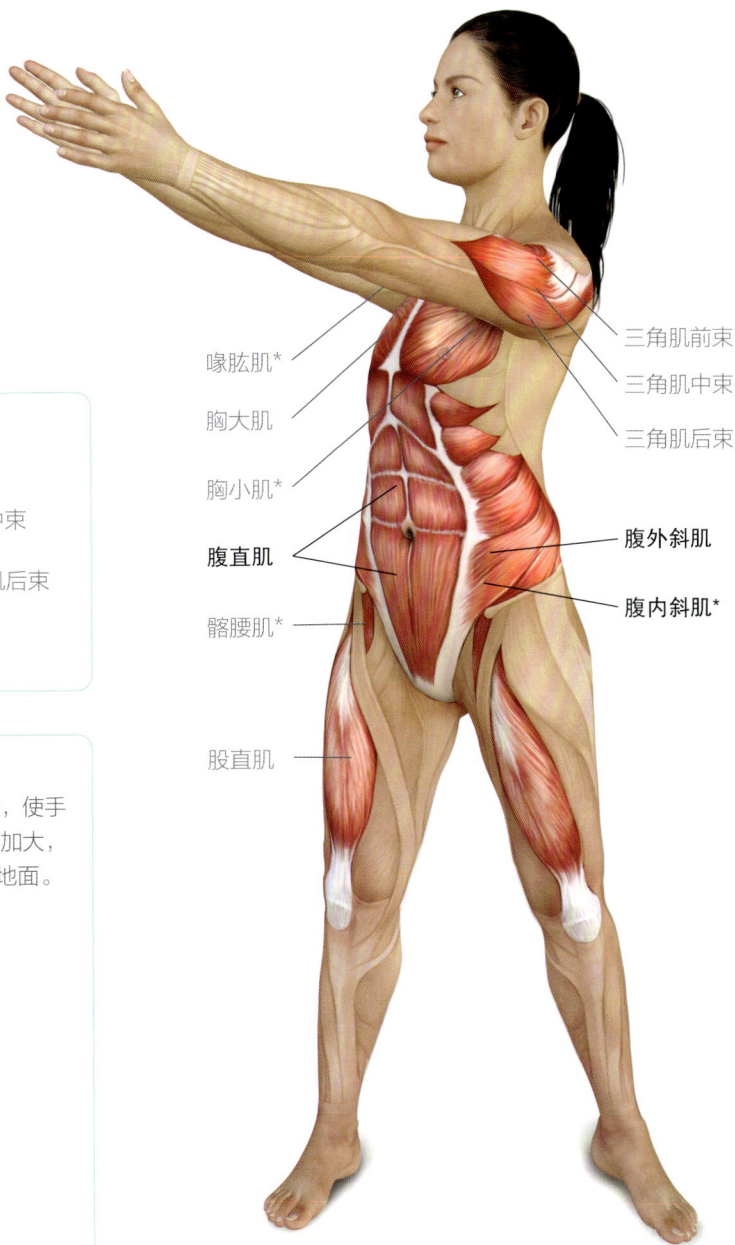

横向扩张反向弓箭步

① 直立站好，双脚分开与胯同宽，双手放在胯部。

② 右脚向后跨一步，脚尖点地，重心在左腿。

③ 左腿弓步，双膝弯曲。身体向下压，左膝弯曲直至大腿与小腿垂直，左大腿与地面平行，右腿贴近地面。手臂举至身体两侧，与肩膀齐平。

④ 收回双腿，回到准备动作。

⑤ 完成另一侧的动作。两侧交替完成，每侧重复10次。

益处
- 紧实臀部和腿部的肌肉

有助于
- 棒球
- 橄榄球
- 足球

正确做法
- 保持肩膀下压
- 脖子保持放松
- 当身体下压的时候保持上身直立

避免
- 臀部向某一方向扭转
- 耸肩
- 弓背或身体前倾

变化练习

难度加大： 挑战自我，在训练中手持哑铃。

①　②

解析关键

粗体字代表此动作锻炼的目标肌肉

灰色字代表运动到的其他肌肉

*代表深层肌肉

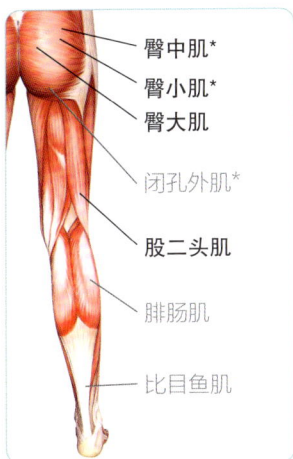

臀中肌*
臀小肌*
臀大肌
闭孔外肌*
股二头肌
腓肠肌
比目鱼肌

三角肌中束
竖脊肌*

股直肌
股中间肌*
股外侧肌
腓肠肌
比目鱼肌

臀中肌*
臀小肌*
臀大肌
半腱肌
股二头肌
股薄肌*
股内侧肌

最佳锻炼部位

- 股直肌
- 股外侧肌
- 股中间肌*
- 股内侧肌
- 股二头肌
- 半腱肌
- 半膜肌
- 臀大肌
- 臀中肌*
- 臀小肌*
- 三角肌中束
- 竖脊肌*

25

椅式曲膝

❶ 双脚打开站好，两脚脚趾朝外，在前面放置一把椅子。

避免
- 脚趾的转幅过大引起脚部不适
- 身体扭向一侧
- 背部拱起或前倾
- 动作过急，失去平衡

正确做法
- 拉紧腹部肌肉
- 双膝放松
- 控制你的动作，动作优雅

益处
- 紧实大腿内侧的内收肌
- 有助于身体的横向移动

有助于
- 网球
- 足球

❷ 膝盖与脚趾同方向，曲膝，压低你的身体，做下蹲状。

❸ 拉直背部，提高身体，回到准备动作。动作重复10次。

竖脊肌*

臀大肌

股外侧肌

半腱肌

股二头肌

半膜肌

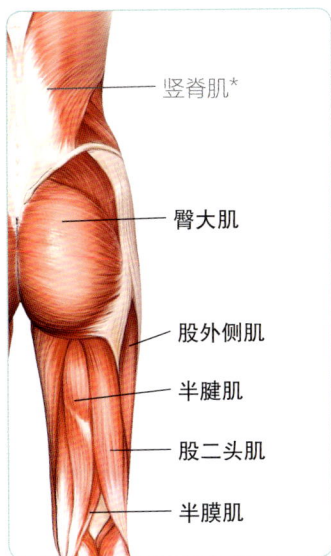

最佳锻炼部位

- 臀大肌
- 股直肌
- 股外侧肌
- 股中间肌*
- 股内侧肌
- 股二头肌
- 半腱肌
- 半膜肌

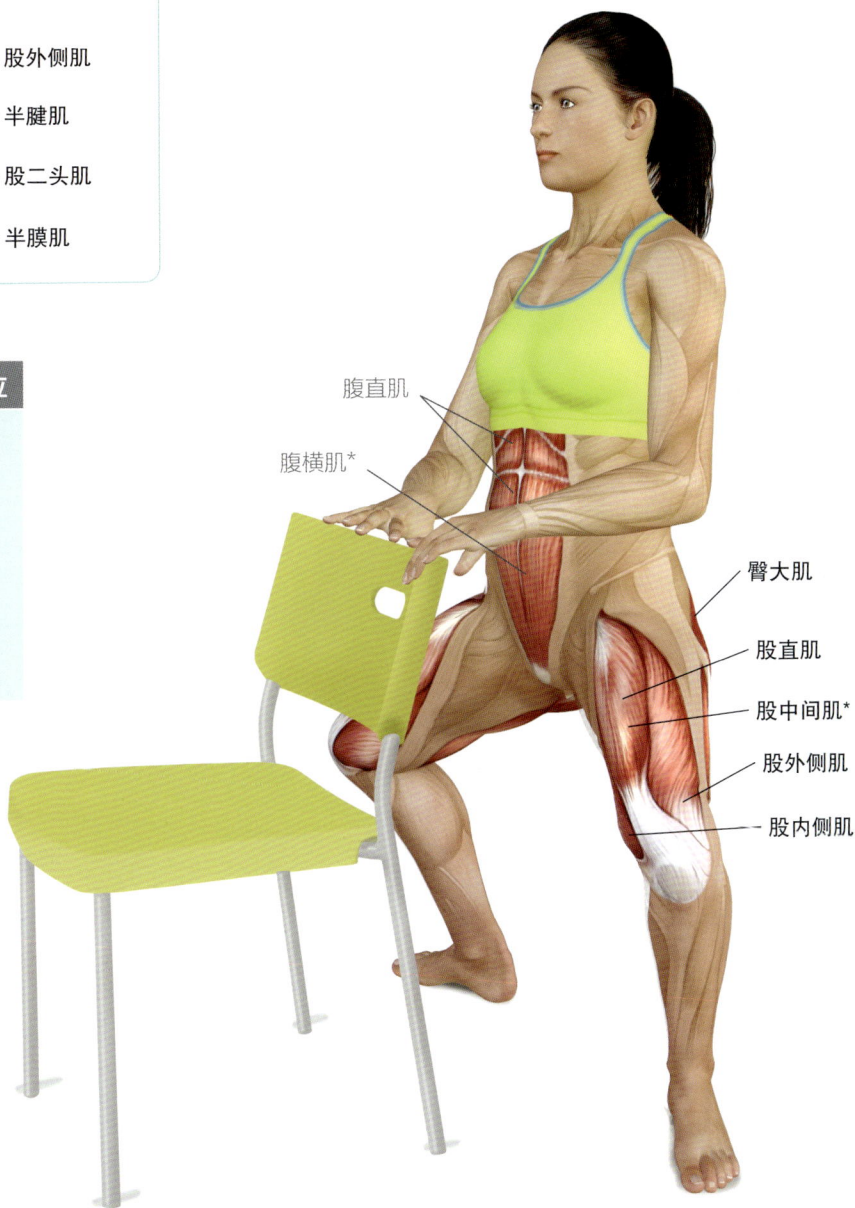

腹直肌

腹横肌*

臀大肌

股直肌

股中间肌*

股外侧肌

股内侧肌

椅式深蹲

❶ 在凳子前站好，将双手扣紧，放在胸前。

❷ 缓慢降低身体重心，做下蹲状。

益处

- 伤后身体运动性恢复
- 改善久坐不动的生活方式

有助于

- 网球
- 篮球
- 田径运动

❸ 继续降低重心，直至坐到凳子上。

❹ 控制你的身体，向上提升站起，直至回到初始动作，然后重复动作。目标为10次。

避免

- 弓背或者上身前倾
- 绷紧脖子
- 耸肩

正确做法

- 注视前方
- 背部保持挺直
- 绷紧你的腹肌

腹横肌*

阔筋膜张肌

短收肌*

股直肌

股中间肌*

股外侧肌

股内侧肌

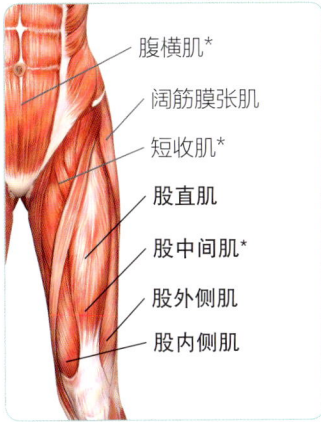

最佳锻炼部位

- 股直肌
- 股外侧肌
- 股中间肌*
- 股内侧肌
- 股二头肌
- 半腱肌
- 半膜肌
- 臀大肌

变化练习

难度加大：在运动中使用健身实心球。

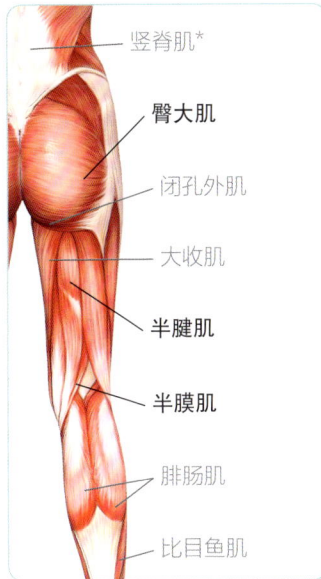

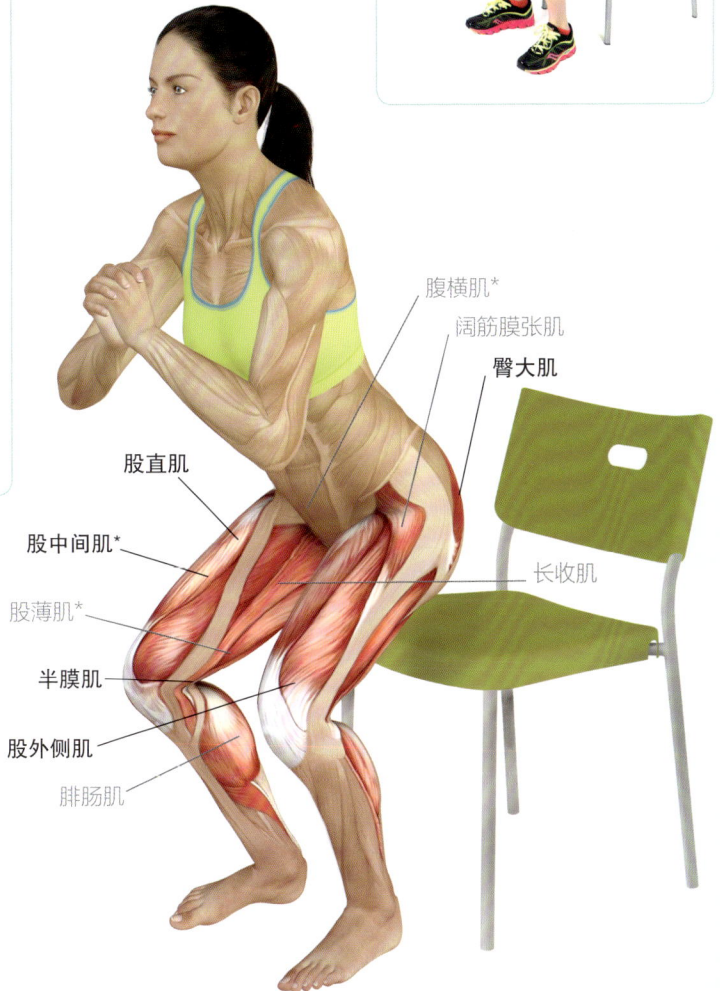

竖脊肌*

臀大肌

闭孔外肌

大收肌

半腱肌

半膜肌

腓肠肌

比目鱼肌

腹横肌*

阔筋膜张肌

臀大肌

股直肌

股中间肌*

股薄肌*

半膜肌

股外侧肌

腓肠肌

长收肌

解析关键

粗体字代表此动作锻炼的目标肌肉
灰色字代表运动到的其他肌肉
*代表深层肌肉

单腿深蹲过头上推

体重
训练

1. 直立站好，右腿向后迈一步，右脚前脚掌置于踏板上。
2. 肘部弯曲成直角，提肩的同时抬起上臂。

3. 双膝弯曲，身体下蹲，同时将手臂伸展过头。
4. 回到初始位置，重复动作。重复目标为10次。然后换左腿在后，动作重复10次。如有需要，可以将整个动作组再重复两次。

益处
- 强化你的臀部、股四头肌、腘绳肌以及斜方肌
- 改善全身的关节活动度

有助于
- 篮球
- 曲棍球
- 橄榄球

避免
- 抬起双臂的时候背部拱起
- 腹部向外凸出
- 脖子绷紧

正确做法
- 保持你的背部以及核心肌群挺直
- 保持肩部下沉

变化练习

难度加大: 在整个动作中手持哑铃。

解析关键

粗体字代表此动作锻炼的目标肌肉
灰色字代表运动到的其他肌肉
*代表深层肌肉

最佳锻炼部位

- 股直肌
- 股外侧肌
- 股中间肌*
- 股内侧肌
- 股二头肌
- 半腱肌
- 半膜肌
- 臀大肌
- 臀中肌*
- 臀小肌*
- 三角肌前束
- 三角肌中束
- 三角肌后束

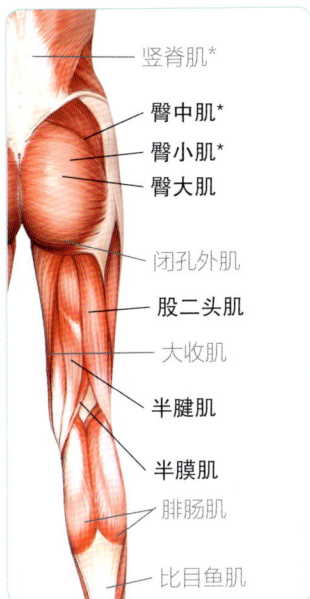

竖脊肌*
臀中肌*
臀小肌*
臀大肌
闭孔外肌
股二头肌
大收肌
半腱肌
半膜肌
腓肠肌
比目鱼肌

肱三头肌
三角肌前束
三角肌后束
三角肌中束
臀中肌*
臀小肌*
臀大肌
阔筋膜张肌
股二头肌
腓肠肌
比目鱼肌
腹横肌*
短收肌*
耻骨肌*
股直肌
半腱肌
股内侧肌
股薄肌*
半膜肌
股中间肌*
股外间肌

31

功能性站立深蹲俯卧撑

① 双脚分开与胯同宽，双臂举过头顶。

正确做法
- 保持快节奏，挑战自己
- 在做平板支撑的时候收紧你的腹肌

避免
- 为了保持快速运动而忽略了动作姿势

益处
- 帮助肌肉热身
- 提高身体的协调性
- 强健腹肌、胸肌以及腿部肌肉
- 强化心血管的同时帮助身体进行增强式的爆发力训练

有助于
- 所有的田径运动

② 身体下蹲，双手放在地板上。

三角肌前束
前锯肌
腹直肌
腹外斜肌
腹内斜肌*
阔筋膜张肌
腹横肌*
股中间肌*
股直肌
缝匠肌
长收肌
股外侧肌
股内侧肌
胫骨前肌
腓肠肌
比目鱼肌

三角肌后束
竖脊肌*
前锯肌
阔筋膜张肌
臀中肌*
臀大肌
股中间肌*
半腱肌
股二头肌
腓肠肌
比目鱼肌

三角肌中束
股直肌
股外侧肌
胫骨前肌

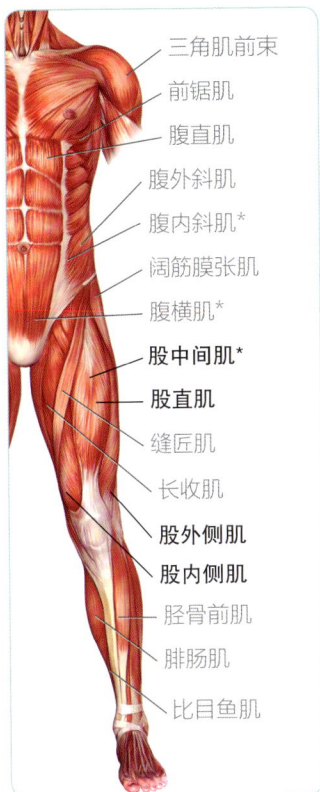

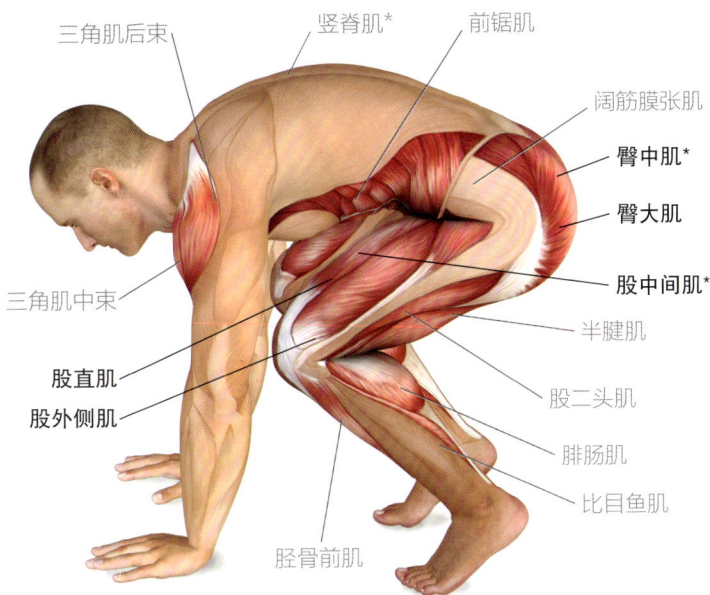

最佳锻炼部位

- 股直肌
- 股外侧肌
- 股中间肌*
- 股内侧肌
- 臀大肌
- 臀中肌*

解析关键

粗体字代表此动作锻炼的目标肌肉

灰色字代表运动到的其他肌肉

*代表深层肌肉

③ 快速伸展双脚，双脚做平板支撑动作。

④ 再次快速收回双脚，回到下蹲姿势。

⑤ 起身站立，回到准备动作。重复以上动作15次。

登山者

❶ 做俯卧撑状，手掌和脚趾贴在地板上。

正确做法
- 尽可能保持将双手放在地板上
- 保持肩部下沉
- 保持快速完成动作

益处
- 帮助肌肉热身
- 提高身体的协调性
- 强健腹肌、胸肌以及腿部肌肉
- 强化心血管的同时帮助身体进行增强式的爆发力训练

有助于
- 所有的田径运动

避免
- 动作完成过快，而忽略正确姿势
- 耸肩

❷ 提起右膝向前，贴近胸部。

❸ 起跳换脚，左右脚交换动作。尽可能快地交换双腿，做30到60秒。

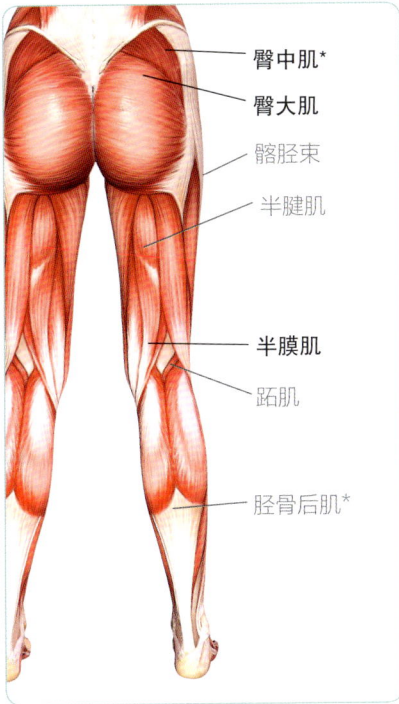

臀中肌*

臀大肌

髂胫束

半腱肌

半膜肌

跖肌

胫骨后肌*

解析关键

粗体字代表此动作锻炼的目标肌肉

灰色字代表运动到的其他肌肉

*代表深层肌肉

最佳锻炼部位

- 股外侧肌
- 股直肌
- 臀大肌
- 臀中肌*
- 半膜肌
- 大收肌
- 肩胛提肌*
- 夹肌*
- 斜方肌

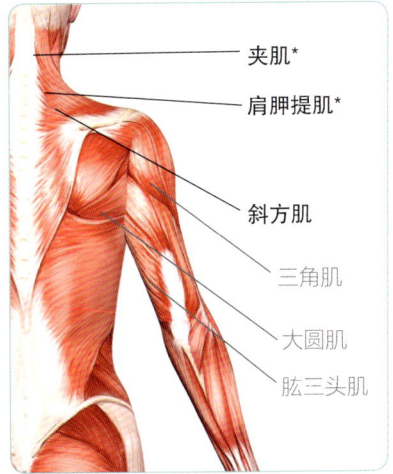

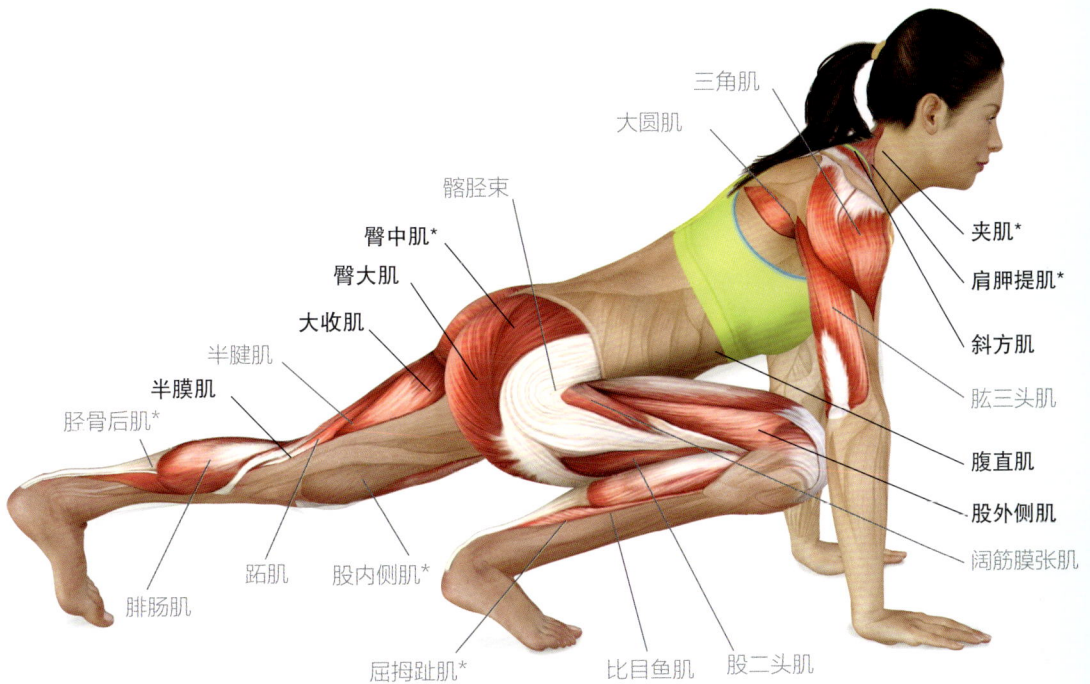

夹肌*

肩胛提肌*

斜方肌

三角肌

大圆肌

肱三头肌

三角肌

大圆肌

髂胫束

臀中肌*

臀大肌

大收肌

半腱肌

半膜肌

胫骨后肌*

跖肌

股内侧肌*

腓肠肌

屈拇趾肌*

比目鱼肌

股二头肌

夹肌*

肩胛提肌*

斜方肌

肱三头肌

腹直肌

股外侧肌

阔筋膜张肌

弓步跳

❶ 直立站好，双脚分开与胯同宽，双手放在胯部。

避免
- 位于前侧的膝盖转向其他方向
- 耸肩
- 身体倾斜
- 弓背

正确做法
- 在运动时保持深呼吸
- 位于前侧的膝盖保持向前
- 躯干保持挺直
- 保持稳定的速度
- 眼睛注视前方

益处
- 具有爆发力的运动与协调的灵活性训练相结合的肌肉伸缩锻炼

有助于
- 所有的田径运动

❷ 右腿向前迈一大步。

❸ 弓步，双腿弯曲，尽可能贴近地面，然后伸直双腿。

❹ 跳起换腿，使你的左腿位于前侧。保持你的身体平衡。

❺ 双膝弯曲，身体下沉，完成另一侧的弓步，使你的前小腿与地面垂直。然后重复以上动作10次。

弓步跳·体重训练

最佳锻炼部位

- 股直肌
- 股外侧肌
- 股中间肌*
- 股内侧肌
- 股二头肌
- 半腱肌
- 半膜肌
- 腓肠肌
- 臀大肌
- 臀中肌*
- 臀小肌*

解析关键

粗体字代表此动作锻炼的目标肌肉
灰色字代表运动到的其他肌肉
*代表深层肌肉

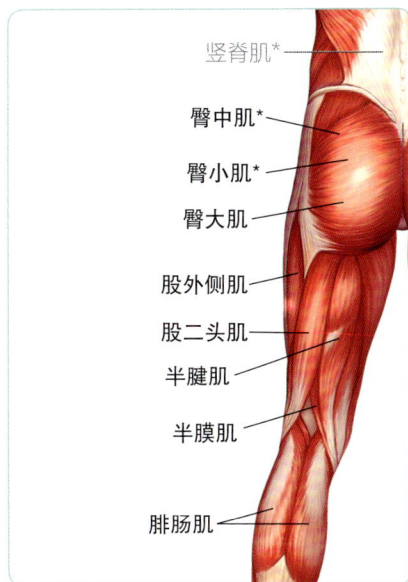

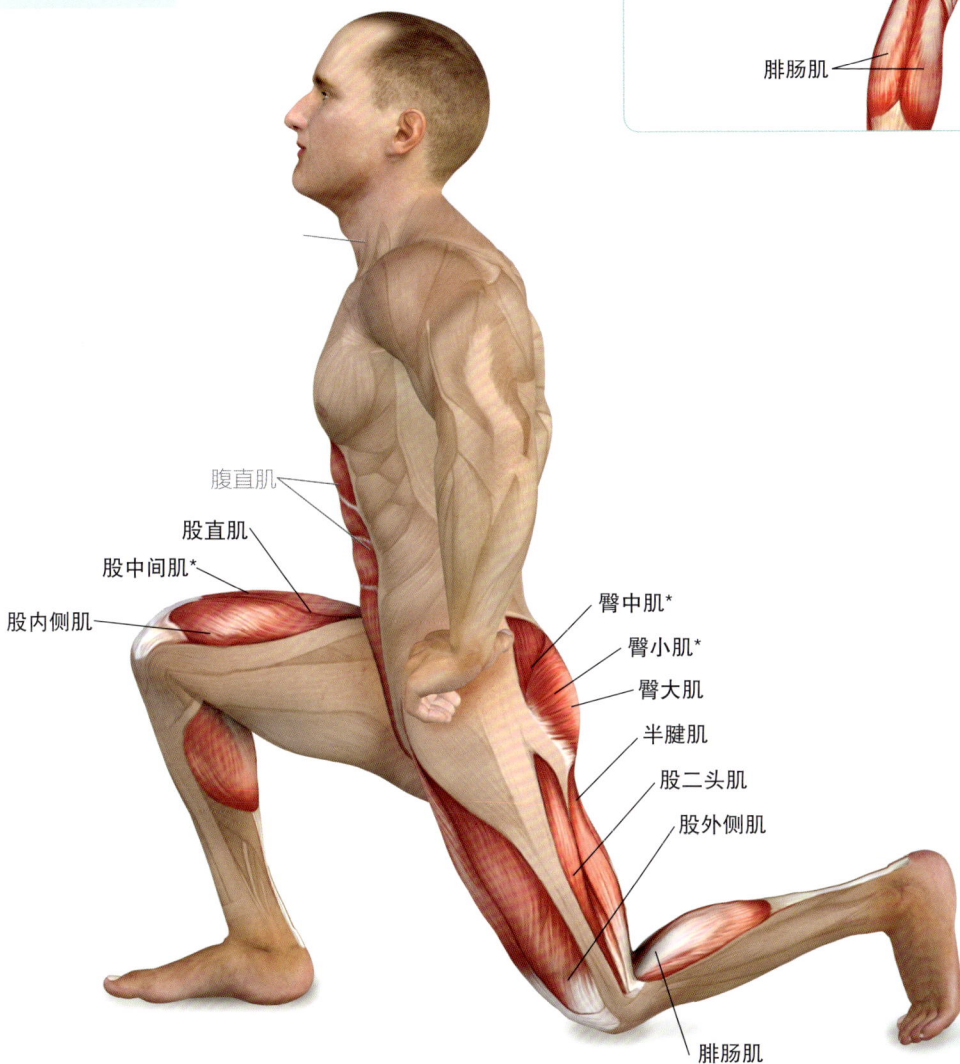

竖脊肌*
臀中肌*
臀小肌*
臀大肌
股外侧肌
股二头肌
半腱肌
半膜肌
腓肠肌

腹直肌
股直肌
股中间肌*
股内侧肌
臀中肌*
臀小肌*
臀大肌
半腱肌
股二头肌
股外侧肌
腓肠肌

瑞士球折叠跳

❶ 手膝撑地，将瑞士球放在脚后面。双手手掌贴地面，两臂伸直。

正确做法

- 紧实你的核心肌群，保持腹肌内收
- 尽可能地挺直背部
- 在整个过程中保持身体的稳定性
- 当你在瑞士球上伸展双腿时，使你的双腿、躯干以及颈部保持一条直线
- 眼睛注视前方

益处

- 改善身体的协调能力
- 强化核心肌群

有助于

- 所有运动

❷ 将双脚放置于球上，使你的双腿完全伸展，从头部到脚趾形成一条直线。保持平衡。

避免

- 颈部或背部拱起
- 胃部向外凸起

❸ 臀部弯曲，将膝盖提起，贴近胸部，臀部向天花板的方向上拉，收紧腹部肌肉。

④ 继续收紧腹肌，将球向后推。保持上身的姿势，臀部继续向天花板方向上拉。

⑤ 坚持5秒钟。然后伸直双腿，回到准备动作。整个动作重复10次，逐步练习到能完成20次。

最佳锻炼部位

- 腹直肌
- 股直肌
- 阔筋膜张肌
- 髂腰肌*
- 耻骨肌*

解析关键

粗体字代表此动作锻炼的目标肌肉

灰色字代表运动到的其他肌肉

*代表深层肌肉

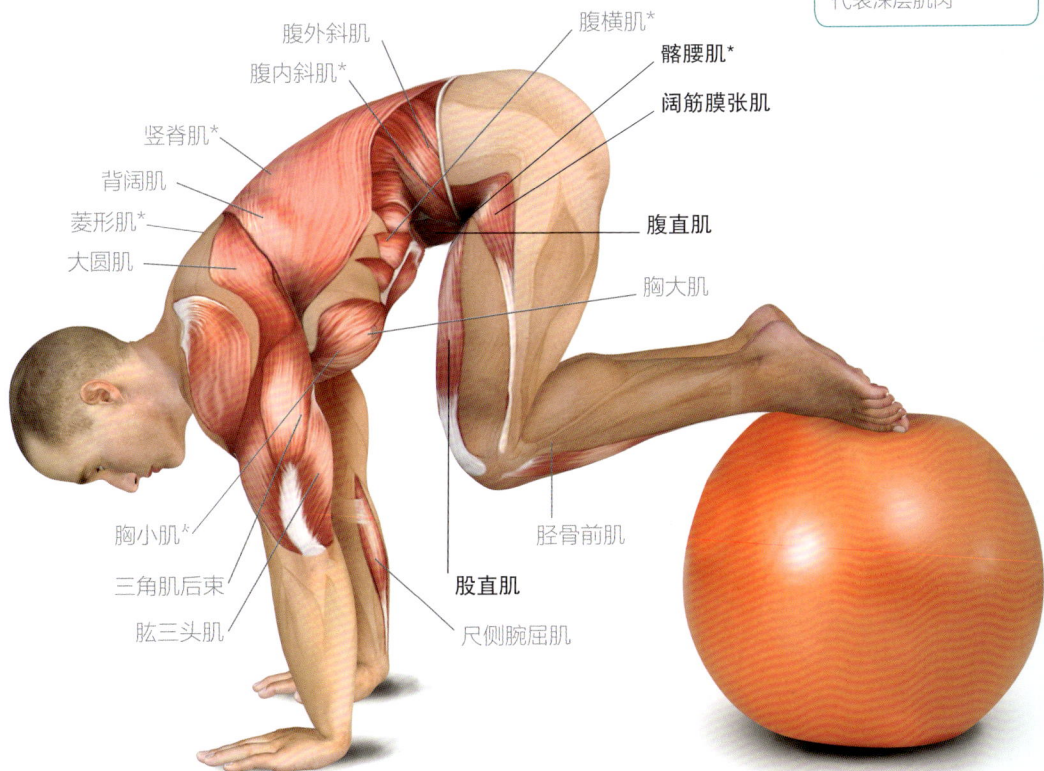

腹外斜肌

腹内斜肌*

腹横肌*

髂腰肌*

阔筋膜张肌

竖脊肌*

背阔肌

菱形肌*

大圆肌

腹直肌

胸大肌

胸小肌*

三角肌后束

肱三头肌

股直肌

尺侧腕屈肌

胫骨前肌

前腿肌伸展

❶ 坐在椅子前端，用手掌撑着椅子。背部挺直，膝盖弯曲，呈90度角。

❷ 慢慢地控制你的腹肌，使其保持紧实状态。双手使劲撑着椅子，臀部向前移动的同时降低重心，这样使你的臀部离开椅子面。

避免
- 弓背或上身前倾
- 扭胯

正确做法
- 支撑身体的那只脚保持固定
- 保持背部挺直
- 摆平胯部
- 眼睛注视前方

益处
- 改善身体的平衡能力
- 强化双腿以及菱形肌

有助于
- 所有运动

❸ 手臂微微弯曲，向前伸出左腿，呈一条直线。

❹ 收回左腿。重复另一侧的动作。每侧动作重复10次。放松身体，回到准备动作。

三角肌
胸大肌
胸小肌*
喙肱肌*
肱二头肌
腹直肌
腹横肌*
腹外斜肌

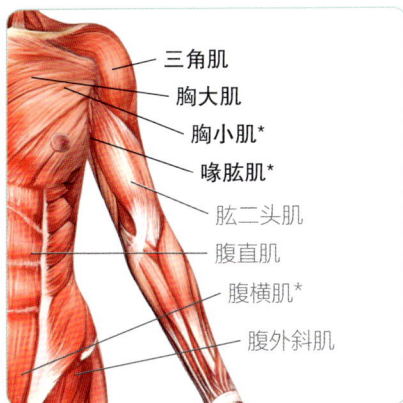

最佳锻炼部位

- 胸大肌
- 胸小肌*
- 喙肱肌*
- 三角肌

解析关键

粗体字代表此动作锻炼的目标肌肉
灰色字代表运动到的其他肌肉
*代表深层肌肉

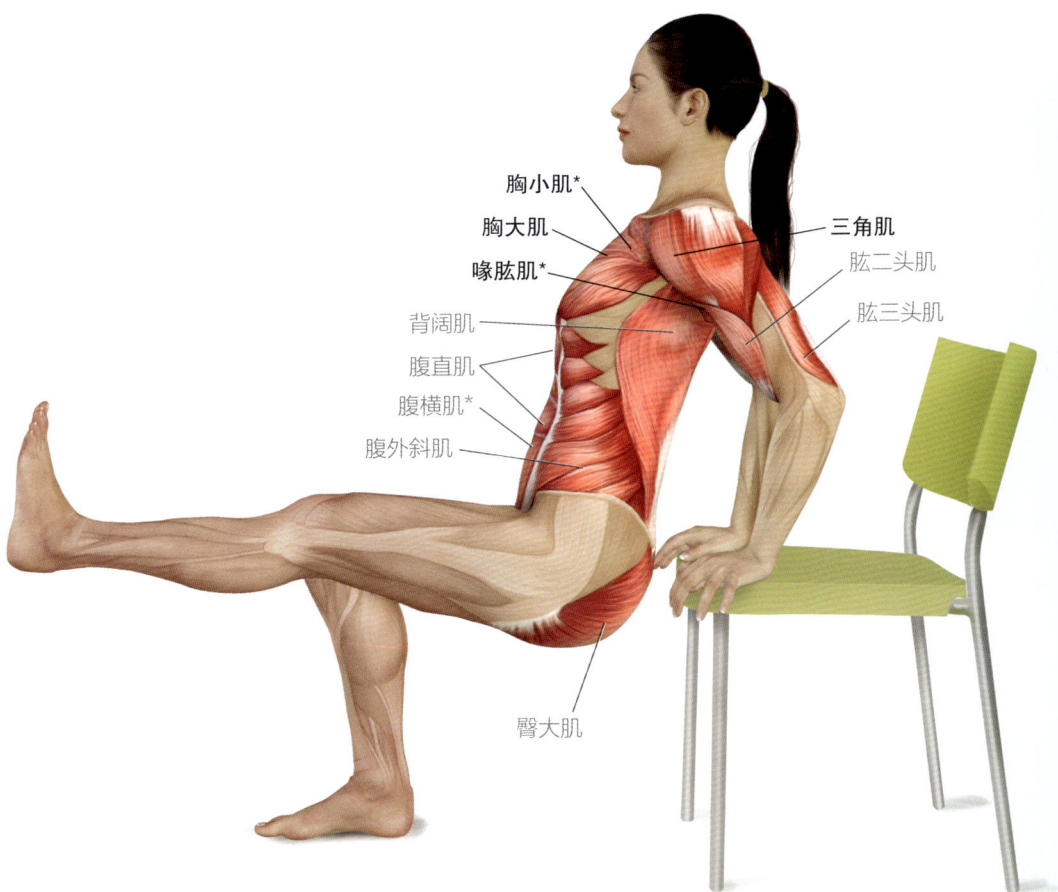

胸小肌*
胸大肌
喙肱肌*
背阔肌
腹直肌
腹横肌*
腹外斜肌

三角肌
肱二头肌
肱三头肌

臀大肌

单腿台阶跳

① 面朝前站在踏板上。

避免
- 膝盖向内弯曲，相反，应该保持膝盖与脚在一条直线上
- 动作过于猛烈

正确做法
- 如有需要，可以扶着墙面或者栏杆
- 慢慢移动，控制自己的身体
- 保持正确的姿势

益处
- 增加盆骨和膝关节的稳定性

有助于
- 跑步
- 攀岩

② 弯曲右腿，同时左腿向前一步，使劲向下踩并脚尖上勾。右脚脚后跟放松。

③ 向上提右腿，躯干和膝盖不要旋转，回到准备动作。换另一只腿，重复动作，动作重复20次。

最佳锻炼部位

- 前三角肌
- 腰方肌*
- 股外侧肌
- 股中间肌*
- 股内侧肌
- 缝匠肌
- 股直肌
- 臀大肌
- 半腱肌
- 半膜肌

解析关键

粗体字代表此动作锻炼的目标肌肉

灰色字代表运动到的其他肌肉

*代表深层肌肉

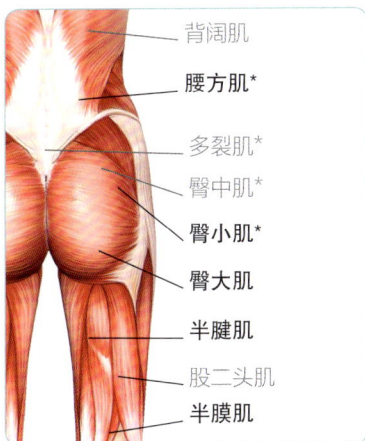

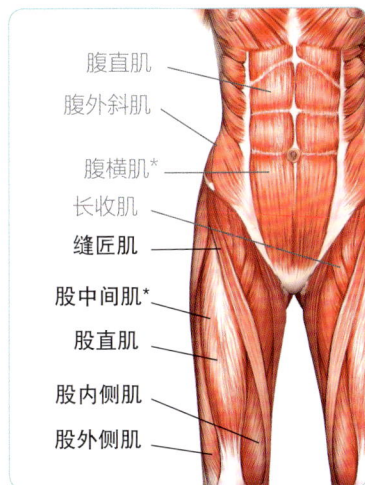

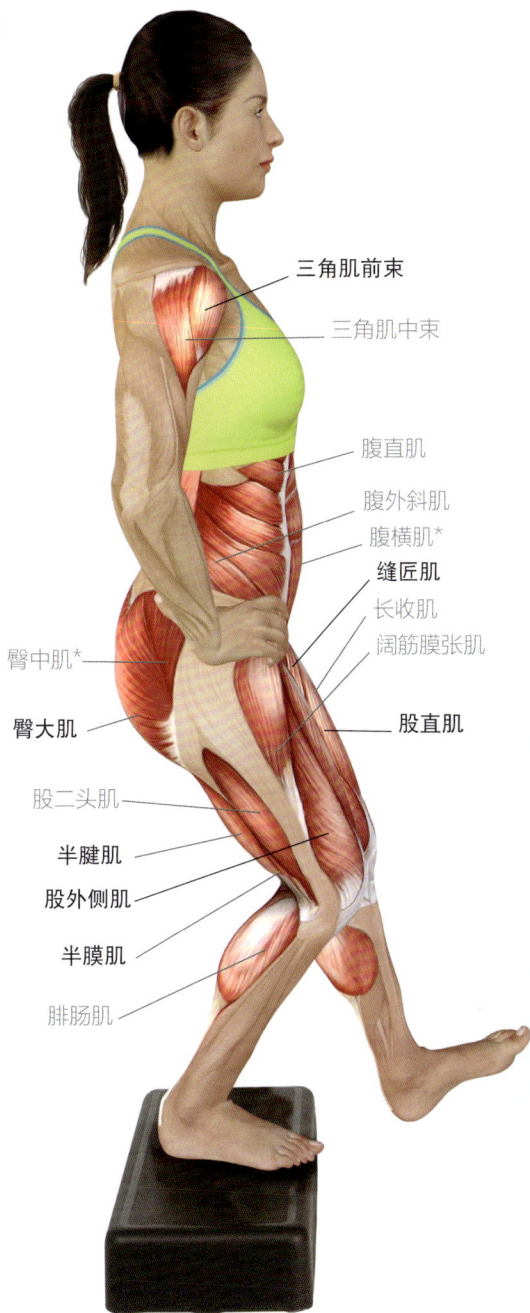

三角肌前束

三角肌中束

腹直肌

腹外斜肌

腹横肌*

缝匠肌

长收肌

阔筋膜张肌

臀中肌*

股直肌

臀大肌

股二头肌

半腱肌

股外侧肌

半膜肌

腓肠肌

背阔肌

腰方肌*

多裂肌*

臀中肌*

臀小肌*

臀大肌

半腱肌

股二头肌

半膜肌

腹直肌

腹外斜肌

腹横肌*

长收肌

缝匠肌

股中间肌*

股直肌

股内侧肌

股外侧肌

伸展俯卧撑

1 直立站好，双脚打开与胯同宽。

避免
- 弓背或上身前倾
- 刚开始时手移动得过于靠前，应该逐渐向前移动到需要的程度
- 颈部过于紧张

2 上身向前弯曲，直至双手接触地面。

3 双手尽可能向前移动。

4 双手按压地面，脚趾点地，这样就完成了俯卧撑中"撑"的动作。接着做俯卧撑。

益处
- 核心肌群的稳定性
- 紧实腹部肌肉
- 拉长肌肉伸展
- 提高身体协调能力

有助于
- 游泳
- 所有田径运动

5 双手向两脚方向后移。

6 回退到准备动作。整个动作重复10次。

正确做法
- 当双手向双脚方向移动时，脚要钉在地上不动
- 在做俯卧撑的时候背部保持平直
- 收腹，紧实腹部肌肉

变化练习

难度减小：刚开始做俯卧撑的时候无需太过激烈，你可以弯曲膝盖，将双膝放在地面上。

最佳锻炼部位

- 腹直肌
- 腹横肌*
- 背阔肌
- 胸大肌
- 肱肌
- 喙肱肌*
- 胸小肌*
- 三角肌前束

解析关键

粗体字代表此动作锻炼的目标肌肉
灰色字代表运动到的其他肌肉
*代表深层肌肉

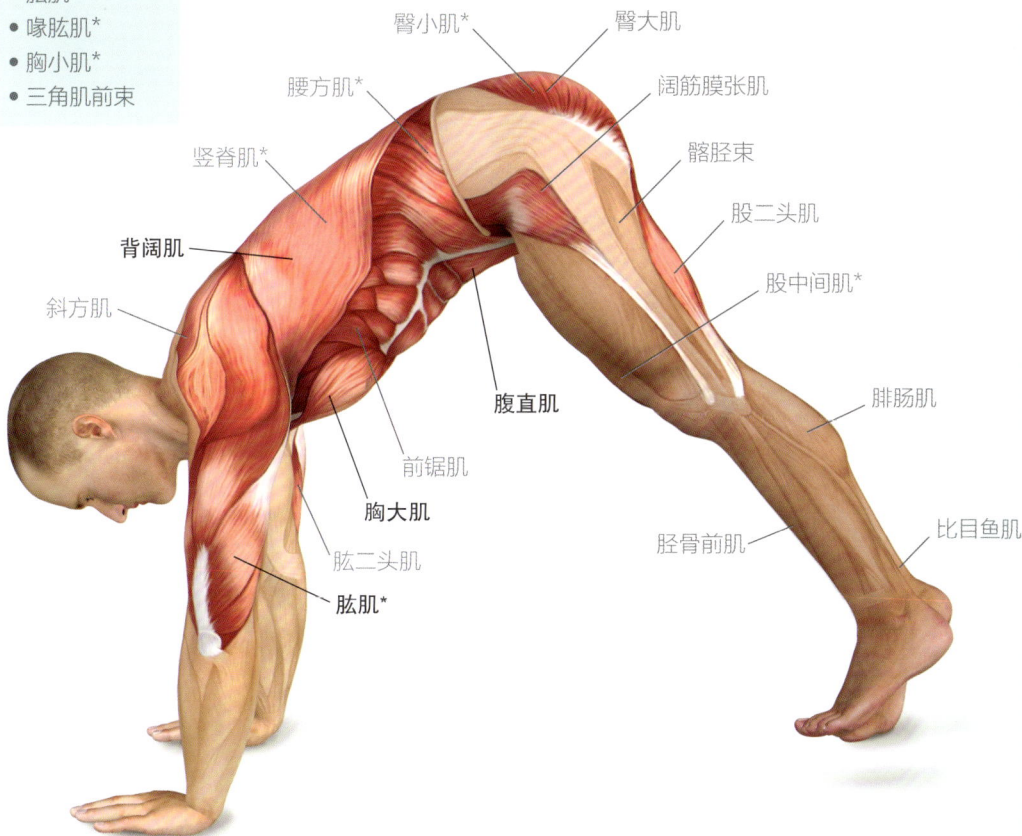

臀小肌*
臀大肌
腰方肌*
阔筋膜张肌
竖脊肌*
髂胫束
背阔肌
股二头肌
斜方肌
股中间肌*
腓肠肌
腹直肌
前锯肌
胸大肌
肱二头肌
胫骨前肌
比目鱼肌
肱肌*

伸臂平板支撑

❶ 开始的时候，脸部朝下，放在你的前臂与膝盖上休息。

❷ 然后双脚向后一步，做平板支撑状。收紧你腹部的肌肉，背部脊柱保持自然曲线。

❸ 保持正确的平板支撑动作，慢慢地将右臂从地面举起。保持30秒钟。放松，回到之前的位置。

益处

- 改善身体的平衡能力
- 紧实你的手臂、腿部以及腹部的肌肉

有助于

- 游泳
- 体操
- 舞蹈

❹ 换手，重复动作，经过一段时间的锻炼后争取保持60秒钟。

避免

- 臀部下沉或者向上倾斜
- 腹部肌肉凸起

正确做法

- 收紧腹部肌肉
- 保持脊椎与地面平行

变化练习

难度减小: 刚开始做俯卧撑的时候无需太过激烈，你可以弯曲膝盖，将双膝放在地面上。

① ②

最佳锻炼部位

- 肱桡肌
- 肱肌*
- 背阔肌
- 股直肌
- 腹外斜肌
- 髂胫束
- 腹直肌

解析关键

粗体字代表此动作锻炼的目标肌肉

灰色字代表运动到的其他肌肉

*代表深层肌肉

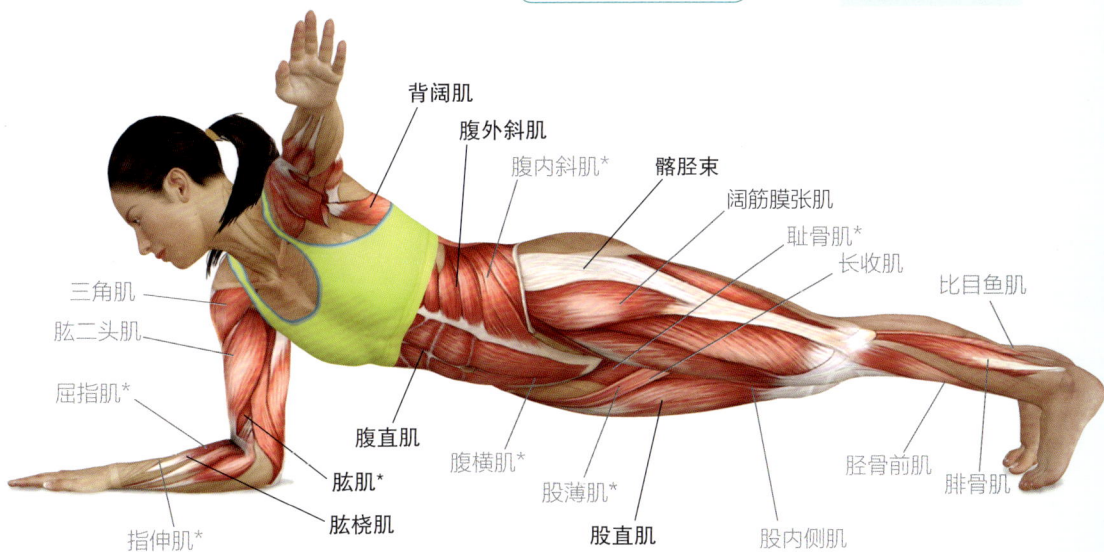

背阔肌
腹外斜肌
腹内斜肌*
髂胫束
阔筋膜张肌
耻骨肌*
长收肌
比目鱼肌

三角肌
肱二头肌
屈指肌*
腹直肌
腹横肌*
股薄肌*
胫骨前肌
腓骨肌

指伸肌*
肱肌*
肱桡肌
股直肌
股内侧肌

提膝旋转

❶ 直立站好，双脚打开与胯同宽，双臂放在身体两侧。举起双臂，弯曲手肘，使手臂呈90度夹角，手掌向前。

❷ 左膝提起，向腹部靠近。同时，右手手肘找左膝，手肘尽量触到膝盖。

益处

- 提高身体的平衡度和协调性
- 强化核心肌群和小腿

有助于

- 足球
- 所有的田径运动

避免

- 提膝的时候，膝盖的高度超过背部
- 过分扭动臀部

正确做法

- 收紧腹部肌肉
- 快速运动
- 扭腰的时候，保持面向前方

③ 回到准备动作，换另一侧动作。争取重复20次。

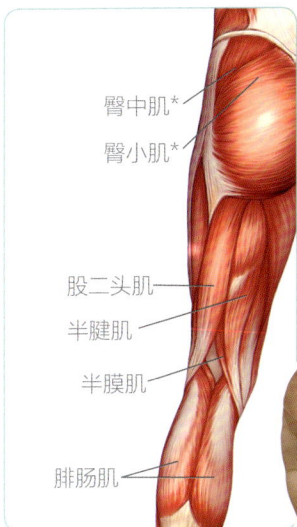

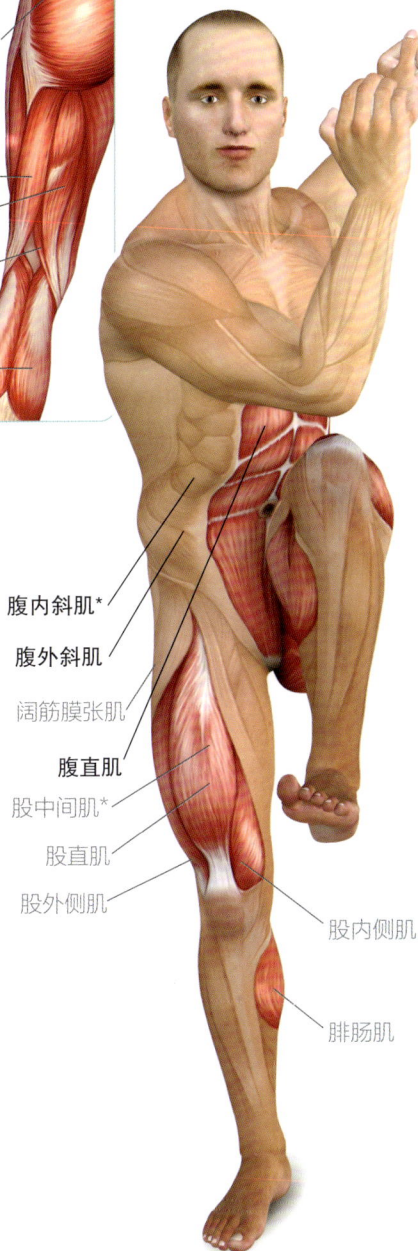

臀中肌*
臀小肌*

股二头肌
半腱肌

半膜肌

腓肠肌

腹内斜肌*
腹外斜肌

阔筋膜张肌

腹直肌

股中间肌*

股直肌

股外侧肌

股内侧肌

腓肠肌

解析关键

粗体字代表此动作锻炼的目标肌肉

灰色字代表运动到的其他肌肉

*代表深层肌肉

最佳锻炼部位

- 腹直肌
- 腹外斜肌
- 腹内斜肌*

击打脚跟

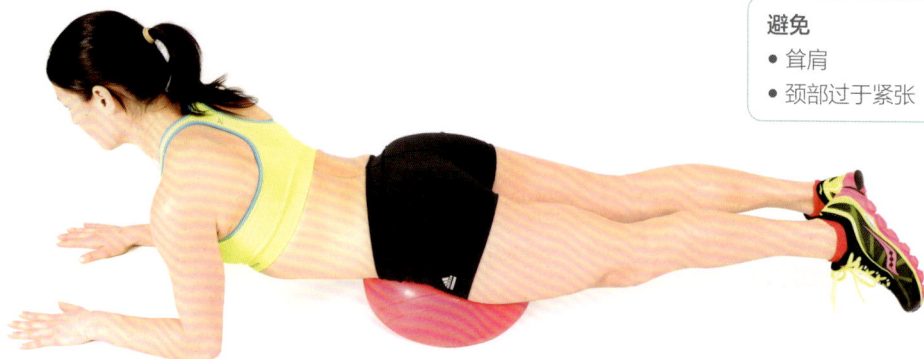

① 直面朝下趴在一个小型瑞士球上，将前臂放在地板上，瑞士球置于耻骨下方。伸展双腿。

② 双腿打开，宽于胯宽。

避免
- 耸肩
- 颈部过于紧张

正确做法
- 双肩下沉，向背部打开
- 当抬起双腿的时候绷紧大腿肌肉
- 收紧臀部和腹部的肌肉
- 保持稳定的呼吸

益处
- 改善核心肌群的稳定性
- 紧实你腹部的肌肉
- 有助于肌肉伸展
- 改善身体协调性

有助于
- 游泳
- 所有的田径运动

③ 拉直脊椎，耻骨下压瑞士球，将肚脐推向脊柱。伸展并抬高双腿，防止双腿触到地面。

④ 用力将两脚后跟拉到一起，然后迅速将其分开，控制动作的节奏。

⑤ 两脚脚后跟敲打8下，放松，然后重复动作。整个动作组做6次。

竖脊肌*

臀中肌*

臀小肌*

臀大肌

半腱肌

半膜肌

腹直肌

腹横肌*

缝匠肌

髂腰肌*

耻骨肌*

长收肌

股直肌

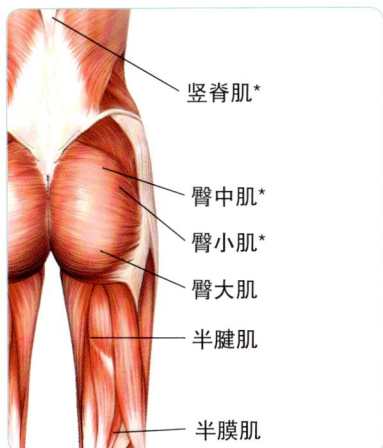

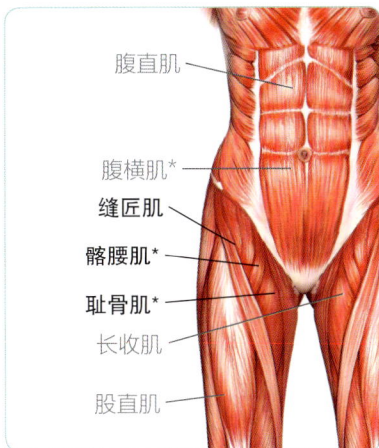

最佳锻炼部位

- 臀大肌
- 臀中肌*
- 臀小肌*
- 竖脊肌*
- 缝匠肌
- 耻骨肌*
- 髂腰肌*

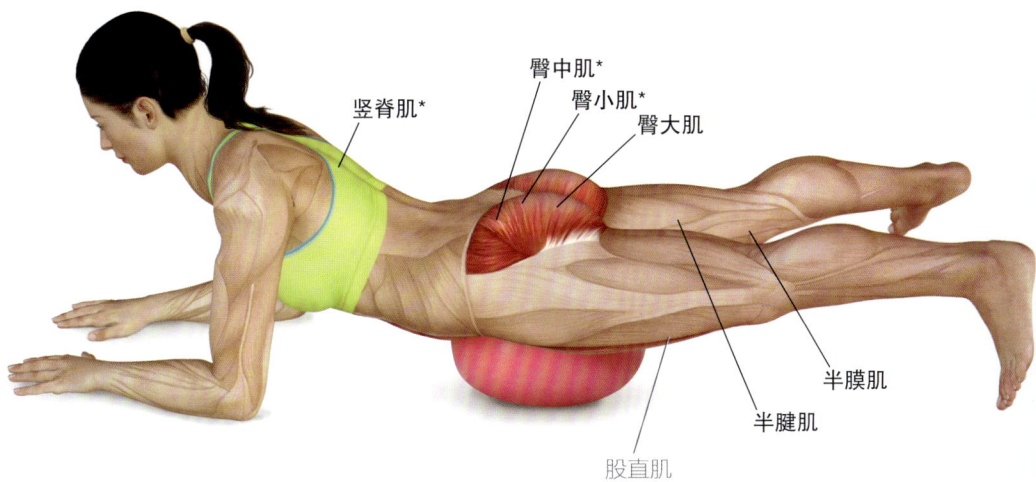

竖脊肌*

臀中肌*

臀小肌*

臀大肌

半膜肌

半腱肌

股直肌

解析关键

粗体字代表此动作锻炼
的目标肌肉

灰色字代表运动到的其
他肌肉

*代表深层肌肉

游泳

1. 腹部贴在地面趴下，双脚打开与胯同宽。双手前伸，放置于耳朵的两侧。将骨盆贴在地面，然后将肚脐向脊柱的方向贴近。

正确做法

- 当你提起上臂和大腿的时候，伸展上背部
- 尽可能向相反的方向伸展你的四肢
- 保持绷紧臀部
- 将肚脐向脊椎的方向贴近
- 将你的双肩向背部打开
- 没有运动到的手臂或大腿放置在地面上
- 放松脖子

益处

- 结实你的核心肌群
- 结实你腹部的肌肉
- 强化髋伸肌以及脊髓伸肌
- 锻炼旋转中的脊柱的稳定性

有助于

- 游泳
- 所有田径项目

2. 同时抬起你右臂和左腿。稍稍抬头，使头部离开地面。

3. 放低手和腿，回到起始位置，伸展你的四肢。

4. 重复另一侧的动作，争取重复8次。

避免

- 绷紧脖子
- 耸肩而使肩膀贴近耳朵

变化练习

难度加大： 胳膊和大腿同时抬起，想象自己像雪天使一样，同时移动手和脚。在运动的过程中收紧腹部，背部放松，保持自然。

①   ②

最佳锻炼部位

- 菱形肌*
- 臀大肌
- 竖脊肌*

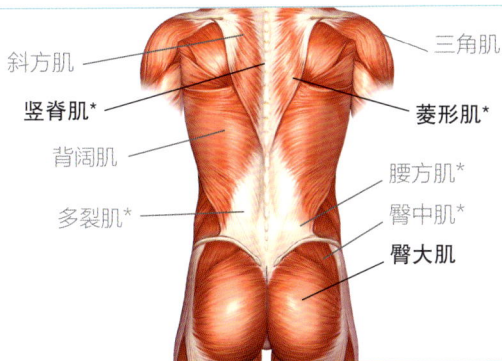

斜方肌
竖脊肌*
背阔肌
多裂肌*

三角肌
菱形肌*
腰方肌*
臀中肌*
臀大肌

解析关键

粗体字代表此动作锻炼的目标肌肉
灰色字代表运动到的其他肌肉
*代表深层肌肉

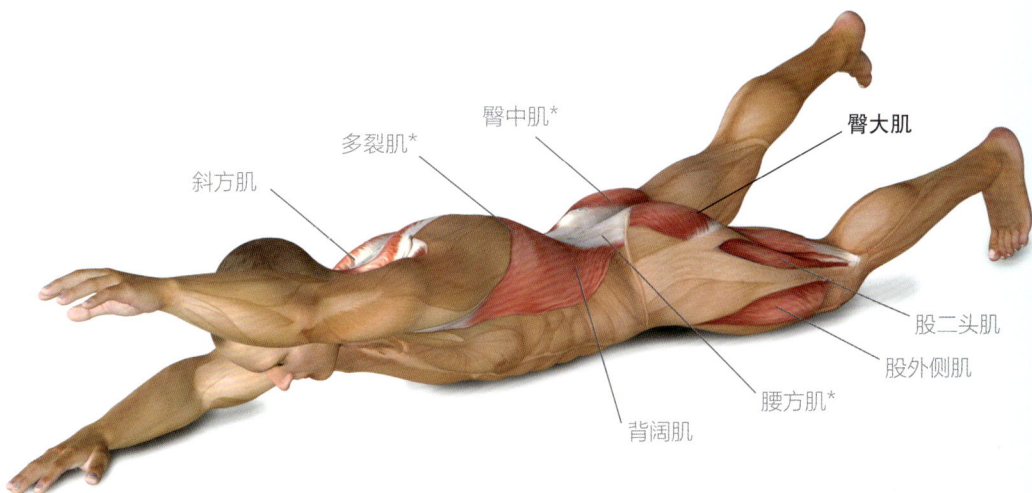

多裂肌*
斜方肌
臀中肌*
臀大肌
股二头肌
股外侧肌
腰方肌*
背阔肌

梨状肌桥式伸展

① 平躺在地下，双臂在身体两侧展开。弯曲膝盖，双脚放在地面上。

② 你身体的其他部分保持不动，将左腿上提，踝关节放在右膝膝盖上休息片刻。

益处

- 伸展梨状肌
- 强化四头肌、腘绳肌以及臀部的肌肉
- 强化核心肌群

有助于

- 滑旱冰或者滑冰
- 所有田径项目

正确做法

- 上下移动身体的时候，收紧你的臀部
- 将肚脐向脊椎的方向贴近
- 将你的双肩向背部打开
- 双臂固定在地板上
- 放松颈部

避免

- 绷紧脖子
- 耸肩而使肩膀贴近耳朵

③ 手掌按压地板，使身体离开地面。当你上提身体的时候，收紧腹部的肌肉。肩膀到膝盖应形成一条直线。

④ 控制你的身体，慢慢回到准备动作。换腿，重复另一侧的动作。争取每一侧的动作重复5次。

最佳锻炼部位

- 臀大肌
- 臀中肌*
- 臀小肌*
- 股二头肌
- 半腱肌
- 半膜肌
- 股直肌
- 股外侧肌
- 股中间肌*
- 股内侧肌

解析关键

粗体字代表此动作锻炼的目标肌肉
灰色字代表运动到的其他肌肉
*代表深层肌肉

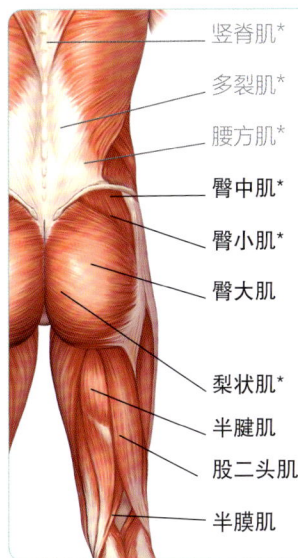

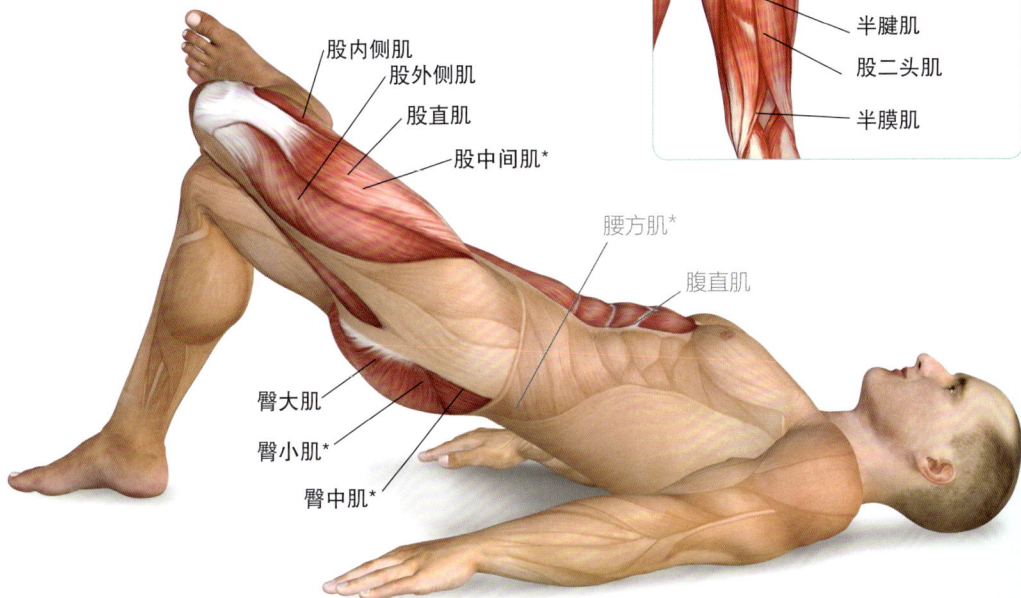

竖脊肌*
多裂肌*
腰方肌*
臀中肌*
臀小肌*
臀大肌
梨状肌*
半腱肌
股二头肌
半膜肌

股内侧肌
股外侧肌
股直肌
股中间肌*
腰方肌*
腹直肌
臀大肌
臀小肌*
臀中肌*

瑞士球架臀桥

❶ 脸朝上躺下，双手放在身体两侧，小腿放在瑞士球上。

避免
- 弓背
- 绷紧肩膀和脖子
- 让瑞士球摆动

益处
- 提高骨盆和核心肌群的稳定性
- 锻炼臀部肌肉以及腘绳肌

有助于
- 所有田径项目

正确做法
- 背部保持自然
- 肩膀和背部下沉
- 紧实你腹部的肌肉

❷ 两只手掌下压地板，使你的上身离开地面的同时绷紧你的腹部肌肉，你的身体应该形成一条直线。如有需要，你多保持几秒。

❸ 控制你的身体，慢慢地回到起始位置。重复以上动作，做10次。

解析关键

粗体字代表此动作锻炼的目标肌肉

灰色字代表运动到的其他肌肉

*代表深层肌肉

最佳锻炼部位

- 股二头肌
- 半腱肌
- 半膜肌

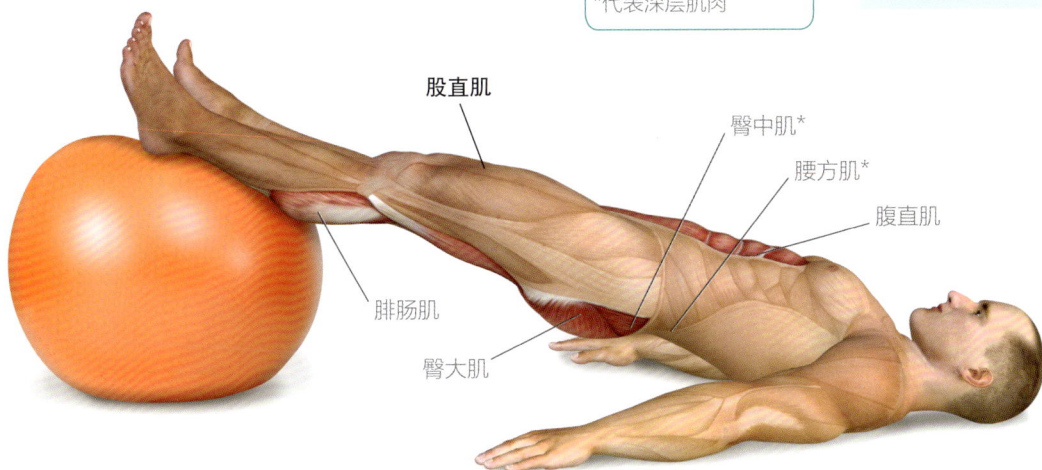

股直肌

臀中肌*

腰方肌*

腹直肌

腓肠肌

臀大肌

动作变化

难度加大： 在保持向上的姿势不变的同时，从球上抬起一条腿，向上伸直。回到开始位置。另一侧重复这一动作，在运动过程中，两条腿都要伸直，腰部平直。

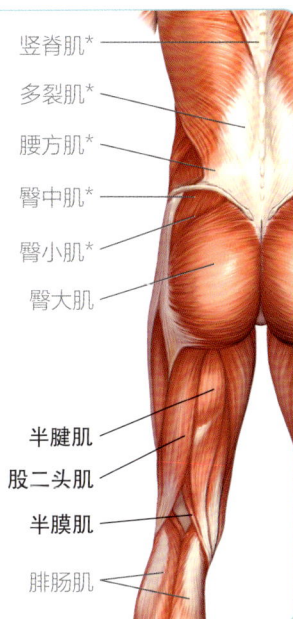

竖脊肌*

多裂肌*

腰方肌*

臀中肌*

臀小肌*

臀大肌

半腱肌

股二头肌

半膜肌

腓肠肌

引体向上悬垂举腿

① 双手抓住单杠，将身体吊起。

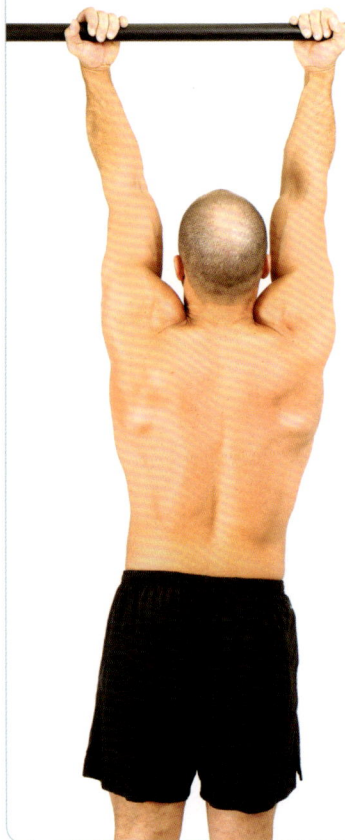

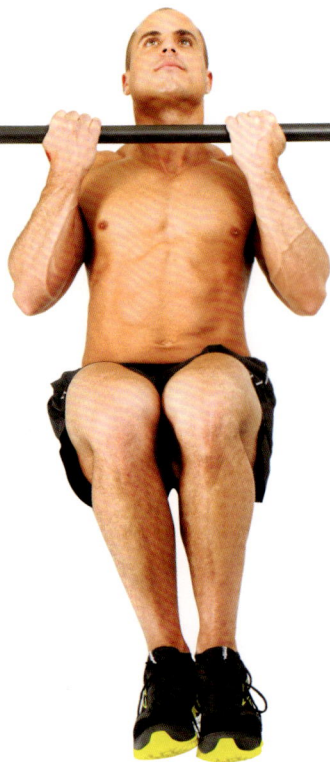

益处
- 锻炼手臂肌肉以及核心肌群

有助于
- 体操
- 网球
- 足球
- 棒球

② 利用上臂肌肉的力量将自己举起，尽可能地让你的下巴在单杠上方。

③ 收紧腹肌，提起双膝。尽可能长时间地保持这个动作。

④ 慢慢伸直双腿，然后伸直双臂，回到准备动作。

正确做法
- 当上提膝盖的时候双脚并拢
- 缓慢而平稳地完成动作
- 在运动的过程中收紧你的核心肌群

避免
- 忽动忽停地完成动作
- 背部拱起
- 绷紧脖子

解析关键

粗体字代表此动作锻炼的目标肌肉

灰色字代表运动到的其他肌肉

*代表深层肌肉

最佳锻炼部位

- 背阔肌
- 腹直肌
- 腹外斜肌
- 腹横肌*
- 腹内斜肌*
- 前锯肌
- 肱三头肌

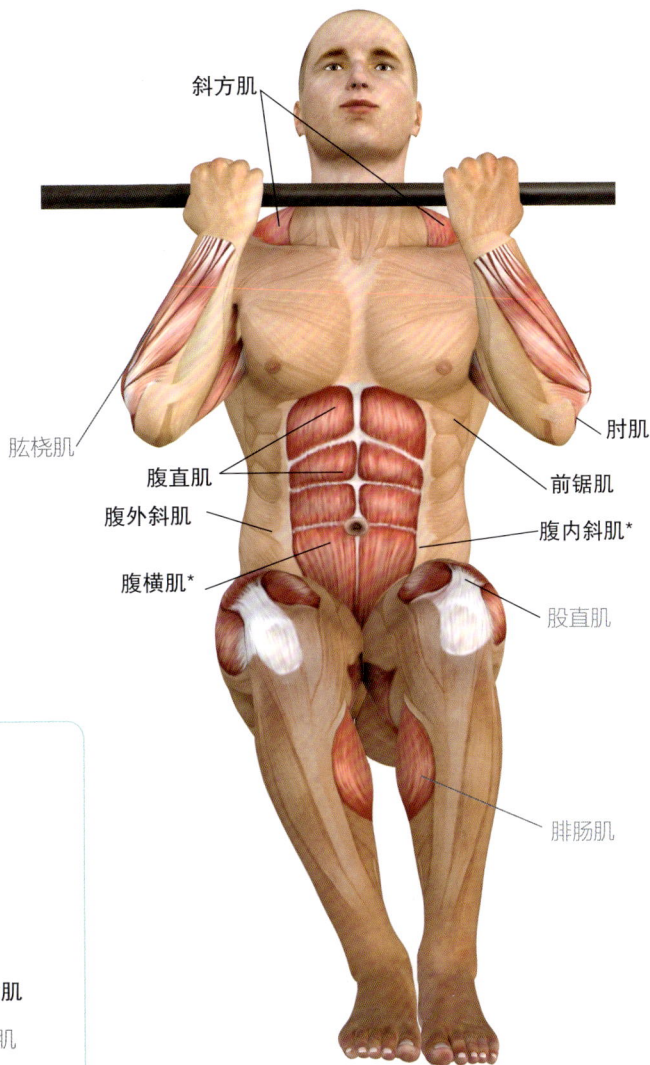

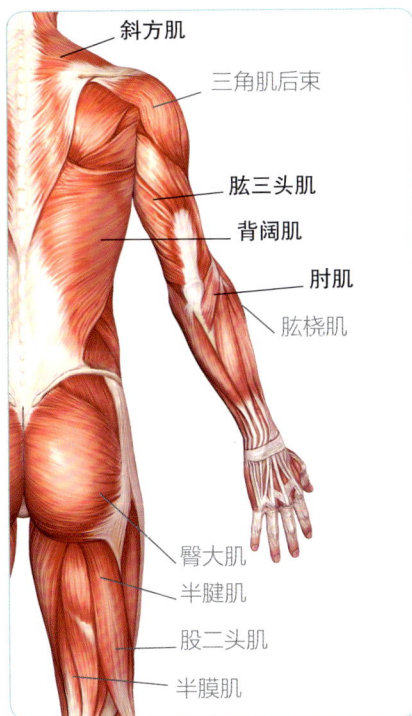

斜方肌

肱桡肌

腹直肌

腹外斜肌

腹横肌*

肘肌

前锯肌

腹内斜肌*

股直肌

腓肠肌

斜方肌

三角肌后束

肱三头肌

背阔肌

肘肌

肱桡肌

臀大肌

半腱肌

股二头肌

半膜肌

全身滚翻

① 平躺在地板上。双臂和双腿向身体外侧伸展。

② 抬起右腿，使右腿垂直于地面。

正确做法

- 当你滚动身体的时候，绷紧你的腹部肌肉，尤其是你的腹斜肌
- 双腿伸直
- 保持匀速运动

益处

- 锻炼核心肌群，尤其是腹斜肌

有助于

- 所有运动

③ 将双腿拉向地面，然后利用腹部肌肉和手臂的力量向左滚动身体，使背部朝上，脸朝下。

④ 伸直双臂，向上提拉躯干，使其离开地面。双腿在身后伸展。

⑤ 背部转平，伸展双臂和双腿，回到准备动作。然后上提左腿，重复另一侧的动作。每一侧的动作重复8次。

避免

- 快速而不正确地完成动作

解析关键

粗体字代表此动作锻炼的目标肌肉

灰色字代表运动到的其他肌肉

*代表深层肌肉

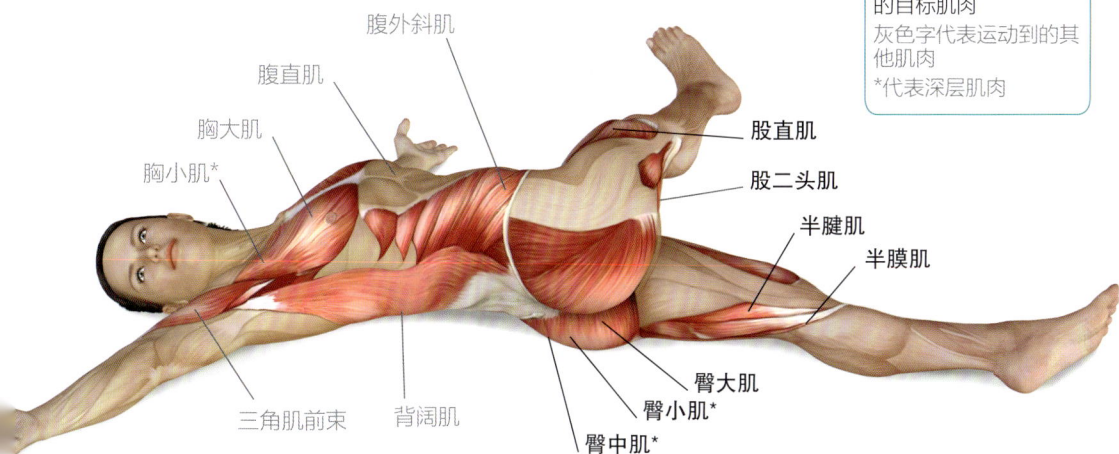

腹外斜肌

腹直肌

胸大肌

胸小肌*

股直肌

股二头肌

半腱肌

半膜肌

三角肌前束

背阔肌

臀大肌

臀小肌*

臀中肌*

最佳锻炼部位

- 股外侧肌
- 股中间肌*
- 股内侧肌
- 股直肌
- 髂腰肌*
- 股二头肌
- 半腱肌
- 半膜肌
- 臀大肌
- 臀中肌*
- 臀小肌*

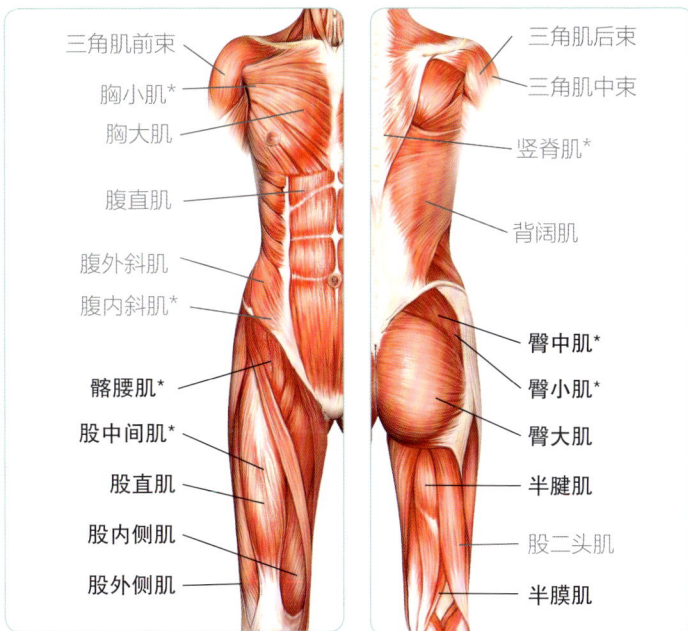

三角肌前束

胸小肌*

胸大肌

腹直肌

腹外斜肌

腹内斜肌*

髂腰肌*

股中间肌*

股直肌

股内侧肌

股外侧肌

三角肌后束

三角肌中束

竖脊肌*

背阔肌

臀中肌*

臀小肌*

臀大肌

半腱肌

股二头肌

半膜肌

负重训练

　　功能性训练与健身房中的练习很不一样，忘了倾向于激烈动作的类似"运动到疲劳"这样的观点吧。如果你留意到过去的锻炼方式多让人受累——在做提膝侧平举的时候，你的臀部扭转到身体的一侧，或者在做提举的时候感到背部疼痛——那就不要再挺着了。相反，你需要暂停一下，换一种练习，或者是把手里的哑铃换成体操棒，做另一侧的练习，又或者在再次做提举之前先做点其他的运动，这能够让你做出更加标准的动作。追求数量会导致你的练习无法发挥出最好的效果：保持脊柱的弯曲度，增加核心肌群的稳定性，紧实肌肉，提高平衡性，以及增加身体的活力。这些能够帮助你应对生活中的任何挑战。

冲拳扭转弓步走

❶ 直立站好，双脚打开与胯同宽，躯干面向前方。双手握住一个健身实心球。

正确做法
- 尽可能地保持你的躯干向前
- 腹部肌肉保持紧实状态
- 平稳的运动

益处
- 增强了耐力，提高了协调性
- 锻炼到了核心肌群，尤其是腹部和臀部的肌肉

有助于
- 足球
- 棒球
- 网球
- 壁球

❷ 左脚向前跨步，弯曲双膝，降低身体的重心，做弓步状。同时，双手握球，将实心球举起到超过左肩的高度。

避免
- 耸肩
- 弓背
- 朝任意一个方向扭脖子
- 小腹凸起
- 无法控制实心球
- 总是单手握球

冲拳扭转弓步走·负重训练

③ 起身的同时将实心球带回中间，然后，重复另一侧的动作。

④ 继续弓步，换脚的同时将实心球从肩膀的一侧移至另一侧。动作重复15次。

最佳训练部位

- 股直肌
- 股外侧肌
- 股中间肌*
- 股内侧肌
- 臀大肌
- 股二头肌
- 半腱肌
- 半膜肌
- 腹直肌
- 腹外斜肌
- 腹内斜肌*

解析关键

粗体字代表此动作锻炼的目标肌肉
灰色字代表运动到的其他肌肉
*代表深层肌肉

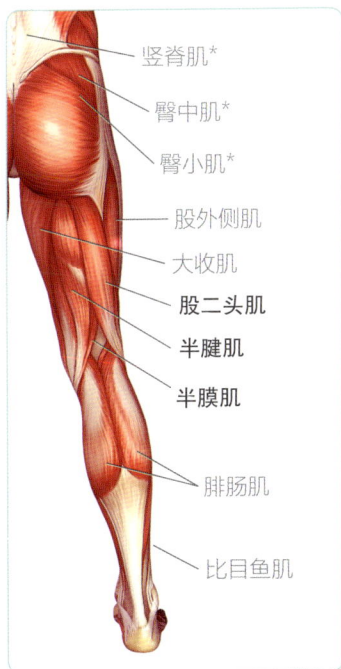

竖脊肌* / 臀中肌* / 臀小肌* / 股外侧肌 / 大收肌 / **股二头肌** / **半腱肌** / **半膜肌** / 腓肠肌 / 比目鱼肌

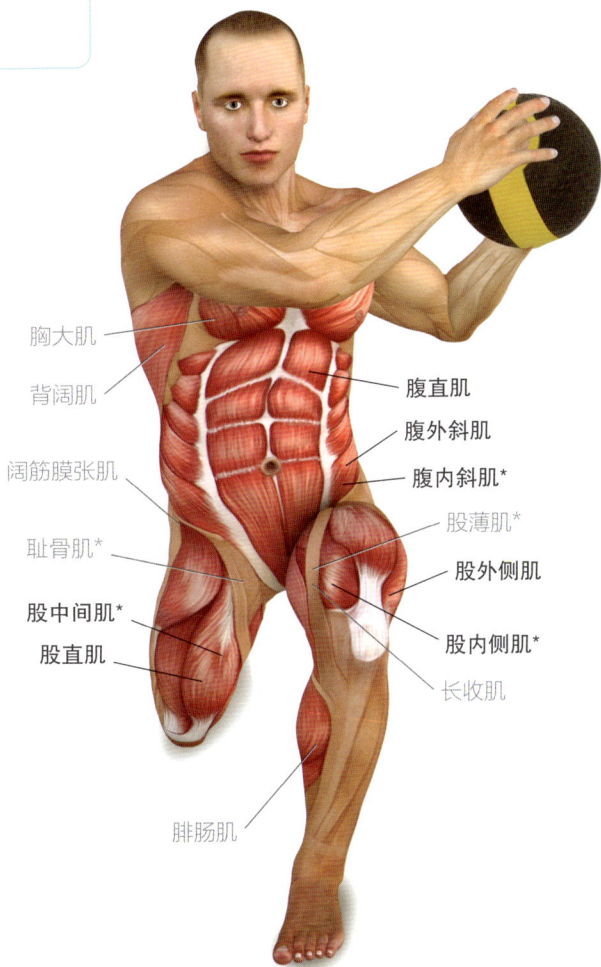

胸大肌 / 背阔肌 / 阔筋膜张肌 / 耻骨肌* / **股中间肌*** / **股直肌** / **腹直肌** / **腹外斜肌** / **腹内斜肌*** / 股薄肌* / **股外侧肌** / **股内侧肌*** / 长收肌 / 腓肠肌

高翻上举

负重训练

❶ 深蹲，使你的大腿与地面平行。手握体操棒，伸直手臂，放在身前。

正确做法

- 在整个练习的每个步骤中都保持背部S曲线处于自然状态
- 当你向上提拉身体的时候，收紧腿部肌肉以及核心肌群
- 当你将体操棒举过头顶的时候，收紧腹肌

❷ 利用腹部和腿部肌肉的力量上提身体，将体操棒举起至肩膀的高度。如果你可以的话，一条腿向前伸。

益处

- 帮助全身得到锻炼

有助于

- 网球
- 排球
- 所有田径运动

避免

- 耸肩
- 腹肌向外凸起
- 弓背或上身前倾，导致脊椎的S曲线扭曲
- 动作做得过急

最佳训练部位

- 背阔肌
- 斜方肌
- 三角肌前束
- 三角肌后束
- 三角肌中束
- 肱三头肌
- 前锯肌
- 冈上肌*

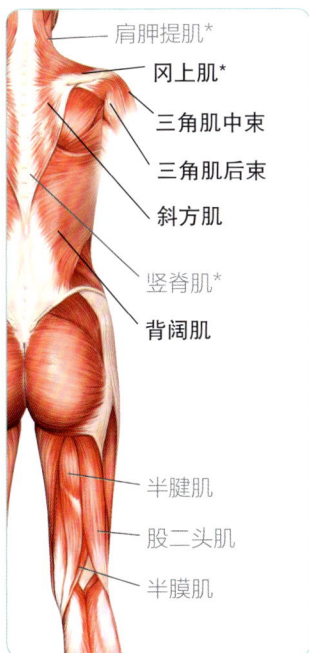

肩胛提肌*

冈上肌*

三角肌中束

三角肌后束

斜方肌

竖脊肌*

背阔肌

半腱肌

股二头肌

半膜肌

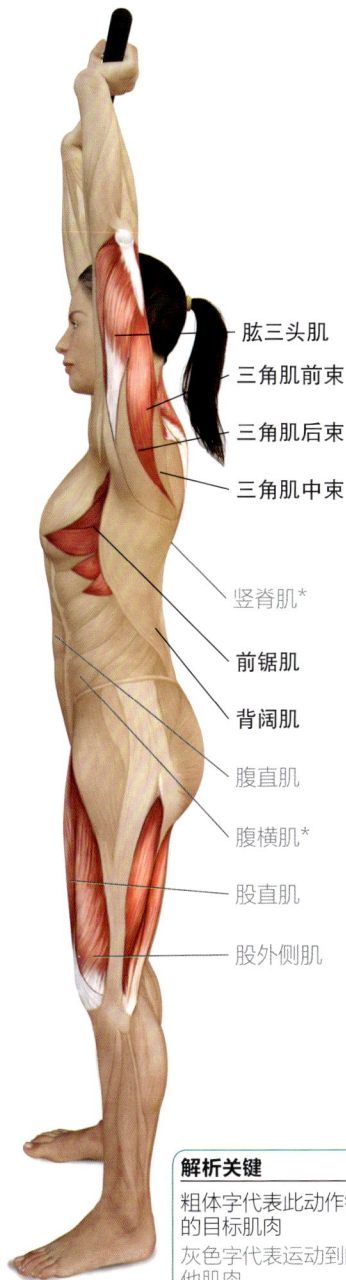

肱三头肌

三角肌前束

三角肌后束

三角肌中束

竖脊肌*

前锯肌

背阔肌

腹直肌

腹横肌*

股直肌

股外侧肌

③ 双脚前后平行，双腿打开与胯同宽，将体操棒举至头顶，动作保持几秒。

④ 将体操棒慢慢下移至肩膀高度，注意你的呼吸，摆平双臂，控制好你的姿势。

⑤ 上下移动体操棒，动作争取重复10次。

解析关键

粗体字代表此动作锻炼的目标肌肉

灰色字代表运动到的其他肌肉

*代表深层肌肉

曲膝投球

① 将健身实心球抱在胸前，如果你可以的话，原地踏步，热一热身。

② 做投球动作之前左脚后迈，脚后跟离地。保持躯干稳定，将健身球上举，与右肩齐平。

益处

- 提高身体的协调性、核心旋转能力以及上半身的活动能力
- 强化身体，提高核心肌群的稳定能力

有助于

- 篮球
- 足球
- 网球
- 壁球

避免

- 将躯干向任意一个方向过分扭转
- 耸肩

正确做法

- 眼睛凝视前方
- 保持躯干向前
- 向前投球的时候收紧腹肌

解析关键

粗体字代表此动作锻炼
的目标肌肉

灰色字代表运动到的其
他肌肉

*代表深层肌肉

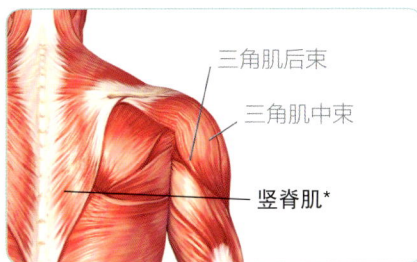

三角肌后束

三角肌中束

竖脊肌*

- 股直肌
- 股外侧肌
- 股中间肌*
- 股内侧肌
- 腹直肌
- 臀大肌
- 臀中肌*
- 臀小肌*
- 腹内斜肌*
- 腹外斜肌
- 竖脊肌*

三角肌前束

三角肌中束

三角肌后束

腹直肌

腹外斜肌

腹内斜肌*

臀小肌*

臀中肌*

臀大肌

股中间肌*

股直肌

股外侧肌

股内侧肌

腓肠肌

③ 向前投球的时候弯曲左膝，并将左腿向上提起离
开地面。

④ 拿回实心球（或者有一个人将球递回给你）。然
后重复另一侧的动作，整个动作重复10次。

举踵过头上推

❶ 直立站好，双脚打开与胯同宽，两手手握哑铃。

❷ 抬起双臂，弯曲双肘，将哑铃上举，举至耳朵高度。

避免
- 倾斜或扭曲你的躯干
- 耸肩
- 弓背或上身前倾
- 上举的时候屏住呼吸

益处
- 紧实你的肩膀以及小腿

有助于
- 网球
- 排球
- 壁球
- 所有田径运动

变化练习

难度减小： 抬起脚后跟的时候将双臂举至双耳的高度。保持动作几秒钟之后再放下。

正确做法
- 保持面向前方
- 向内收紧腹部肌肉
- 控制你的身体，上举和下拉手臂的时候保持动作的流畅性
- 保持目光凝视前方
- 保持背部曲线处于一个自然状态，脚后跟离地的时候想象你的脊柱向上拉伸
- 脚后跟离地的时候，利用你核心肌群的力量来帮助你身体保持平衡

③ 脚后跟离地，将全身的重量放在脚尖。如果你可以的话，保持几秒钟。

④ 脚后跟着地，放下双臂，回到准备动作。保持正确的姿势，争取动作重复15次。

最佳训练部位

- 腓肠肌
- 背阔肌
- 三角肌前束

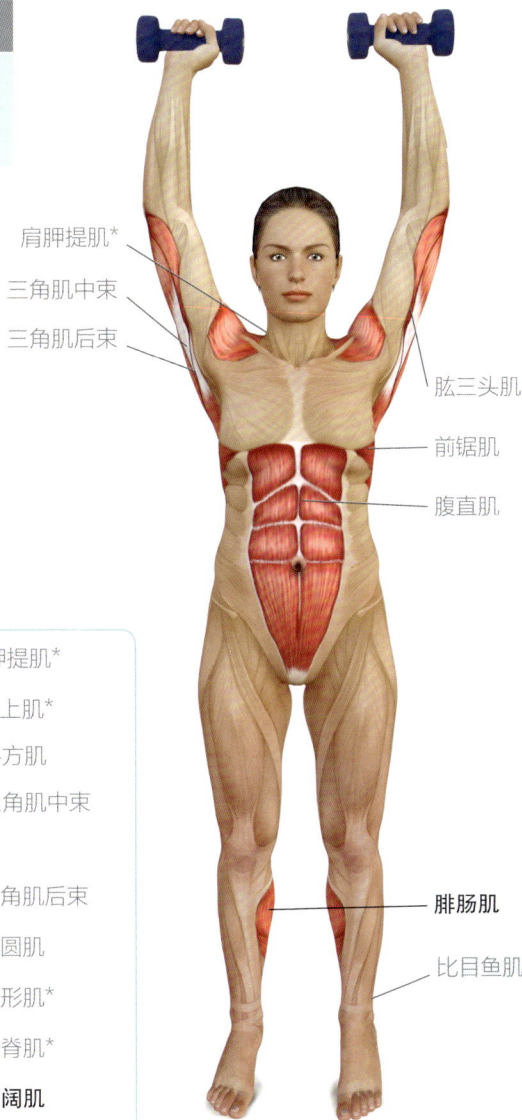

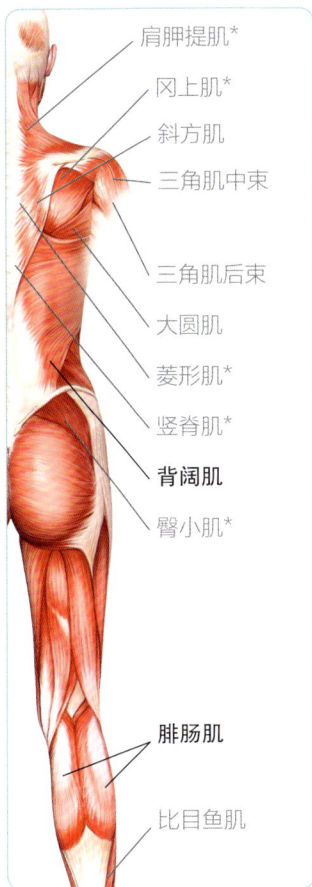

肩胛提肌*

三角肌中束

三角肌后束

肱三头肌

前锯肌

腹直肌

肩胛提肌*

冈上肌*

斜方肌

三角肌中束

三角肌后束

大圆肌

菱形肌*

竖脊肌*

背阔肌

臀小肌*

腓肠肌

比目鱼肌

腓肠肌

比目鱼肌

解析关键

粗体字代表此动作锻炼的目标肌肉

灰色字代表运动到的其他肌肉

*代表深层肌肉

侧身弓步伸展

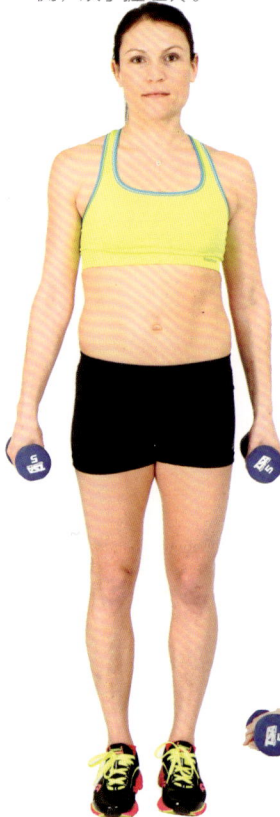

❶ 直立站好，双脚打开与胯同宽，双臂放在身体两侧，双手握哑铃。

避免
- 在抬起双臂的时候一只手臂在另一只手臂前方
- 耸肩
- 弓背或上身前倾
- 躯干扭转至身体任意一侧

❷ 向左迈一大步，弯曲左膝，做侧弓步状。同时，举起双臂，形成一条直线，保持双臂与地面平行。

❸ 控制你的身体，平稳地完成动作，然后回到准备动作。

❹ 重复另一侧的动作，每一侧的动作重复10次。

益处
- 紧实你的肩部和大腿

有助于
- 网球
- 游泳
- 所有田径运动

正确做法
- 做侧弓步的时候保持躯干面向前方
- 向内收紧腹肌
- 保持目光凝视前方

斜方肌

三角肌中束

菱形肌*

竖脊肌*

腰方肌*

臀中肌*

臀小肌*

臀大肌

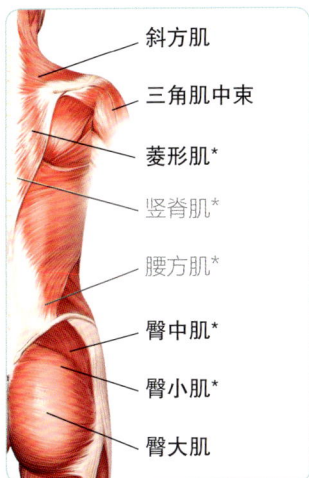

最佳训练部位

- 斜方肌
- 菱形肌*
- 臀小肌*
- 臀中肌*
- 臀大肌
- 三角肌中束

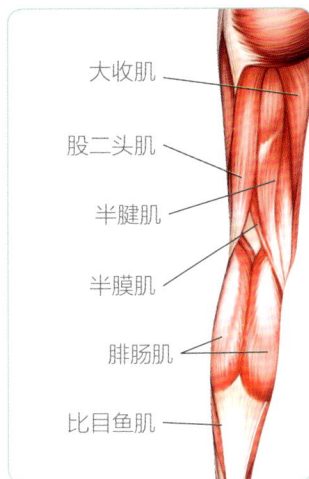

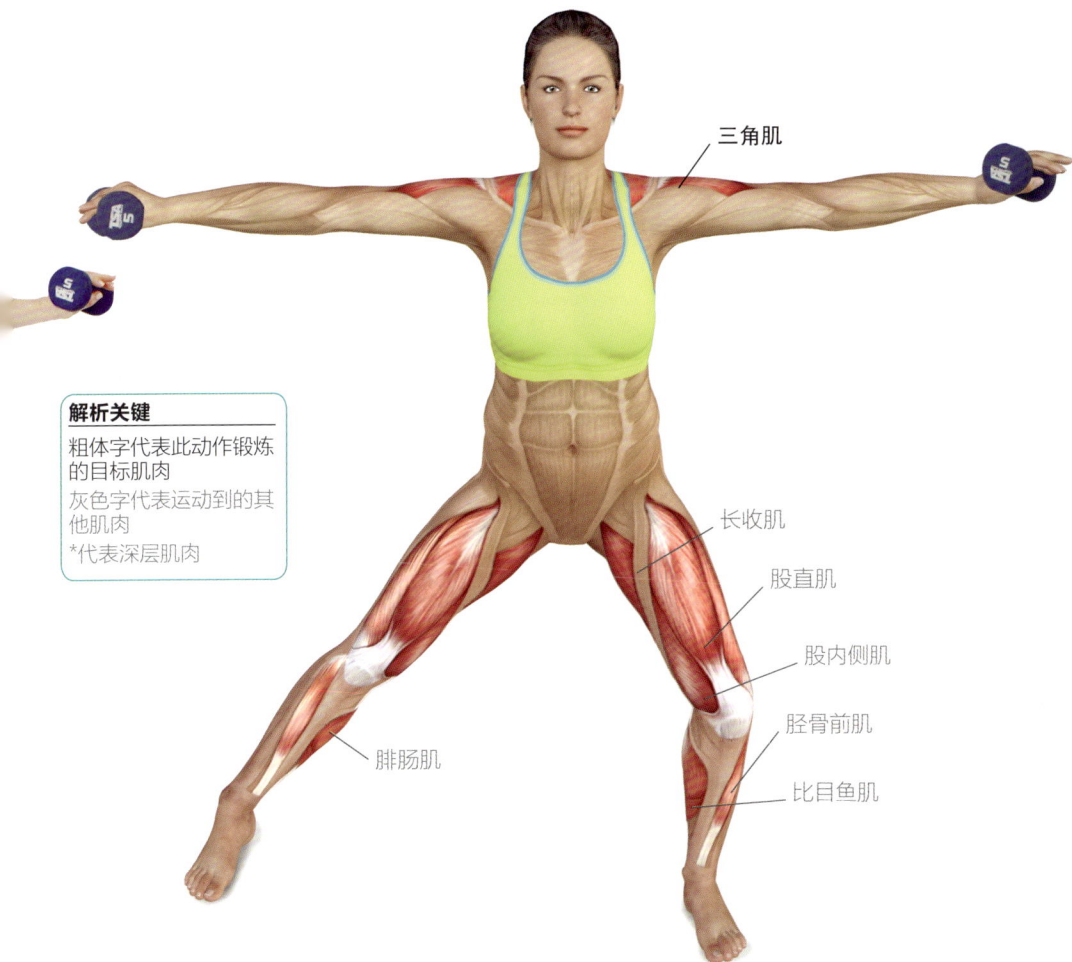

大收肌

股二头肌

半腱肌

半膜肌

腓肠肌

比目鱼肌

三角肌

解析关键

粗体字代表此动作锻炼的目标肌肉

灰色字代表运动到的其他肌肉

*代表深层肌肉

长收肌

股直肌

股内侧肌

胫骨前肌

比目鱼肌

腓肠肌

曲身登步抬腿

1. 直立站好，双脚打开，与胯同宽。双臂放在身体两侧，双手握哑铃。左脚向旁边迈出一步。

2. 将左脚踩在踏板上。

3. 将身体的重心放在左脚上。弯曲手肘，将哑铃移在胸前。同时，向上提右膝，使右脚离开地面。继续上提身体，弯曲手肘，直到你的右腿呈直角状，哑铃与肩同高。

4. 下移哑铃，左右腿交叉，右腿向下移至踏板左侧的同时左腿稍稍弯曲。

避免
- 扭脖子
- 耸肩
- 弓背或上身前倾
- 动作做得过急

益处
- 紧实腹部和臀部的肌肉以及肱二头肌
- 提高身体的协调性

有助于
- 所有田径运动
- 爬楼梯

正确做法
- 当你弯曲或放松的时候保持上臂的稳定
- 控制你的身体，保持动作的流畅
- 保持躯干面向前方
- 收紧腹部的肌肉
- 保持目光凝视前方
- 肩膀离开耳朵向下沉

最佳训练部位

- 大收肌
- 腹直肌
- 阔筋膜张肌
- 长收肌
- 肱二头肌

解析关键

粗体字代表此动作锻炼的目标肌肉

灰色字代表运动到的其他肌肉

*代表深层肌肉

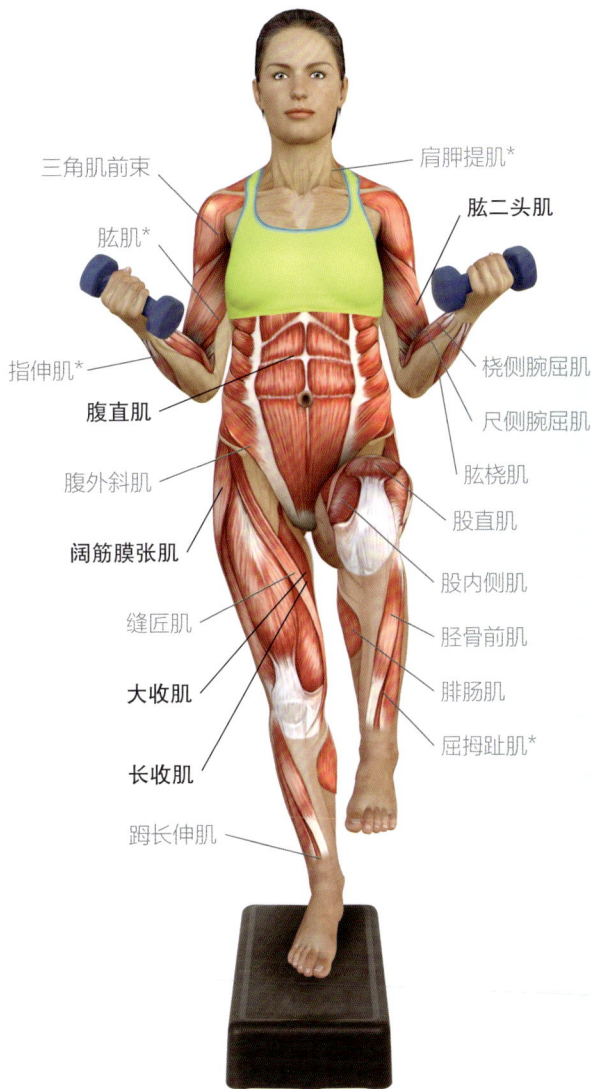

三角肌前束

肱肌*

指伸肌*

腹直肌

腹外斜肌

阔筋膜张肌

缝匠肌

大收肌

长收肌

蹈长伸肌

肩胛提肌*

肱二头肌

桡侧腕屈肌

尺侧腕屈肌

肱桡肌

股直肌

股内侧肌

胫骨前肌

腓肠肌

屈拇趾肌*

⑤ 左脚踩到地板上，回到准备动作。

⑥ 重复另一侧的动作。两侧动作交替进行，争取整个动作组重复20次。

八字形练习

① 直立站好，双脚打开，与
胯同宽。双手抓住健身实
心球，放在身前。

② 重心右移。控
制你的身体，
平稳地伸展你
的双臂，将实
心球移动到身
体的右下方。

避免
- 绷紧脖子
- 耸肩
- 弓背或上身前倾
- 动作做得过急

益处
- 提高身体的协调
性、灵活性以及
关节活动度
- 紧实核心肌群以
及手臂的肌肉
- 稳固核心肌群

有助于
- 网球
- 壁球
- 篮球
- 棒球
- 游泳

③ 重心继续右移，将实心
球移动到身体的右上
方，如果你可以的话，
让你的右脚脚后跟离开
地面。

正确做法
- 在运动过程中目光随着实心球而
移动
- 紧实你的核心肌群并且向内收紧
腹部肌肉
- 双脚固定在地面

解析关键

粗体字代表此动作锻炼的目标肌肉

灰色字代表运动到的其他肌肉

*代表深层肌肉

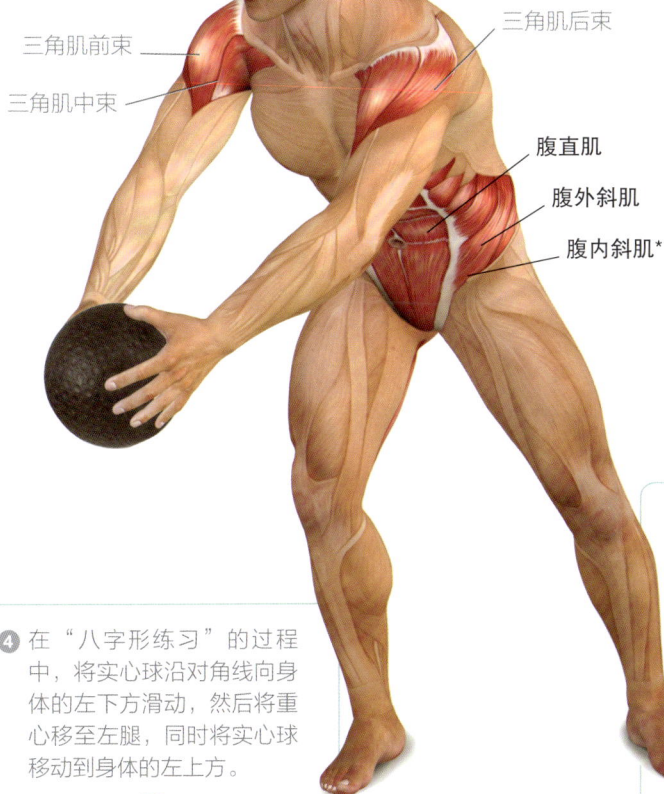

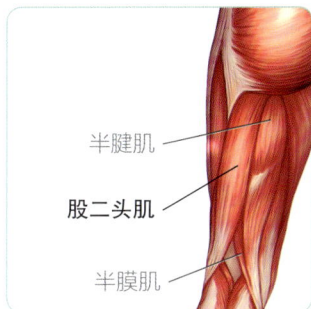

半腱肌

股二头肌

半膜肌

三角肌前束

三角肌中束

三角肌后束

腹直肌

腹外斜肌

腹内斜肌*

④ 在"八字形练习"的过程中，将实心球沿对角线向身体的左下方滑动，然后将重心移至左腿，同时将实心球移动到身体的左上方。

最佳训练部位

- 腹直肌
- 腹外斜肌
- 腹内斜肌*
- 股二头肌

⑤ 动作重复5次，然后调换方向，继续重复动作。

提膝侧平举

❶ 直立站好，双脚打开，与胯同宽。两臂放在身体两侧，两手手握哑铃。

❷ 重心移至左腿，提右腿，弯曲右膝。同时，抬起双臂，高度略低于肩膀。动作保持几秒钟，保持身体平衡。

益处

- 提高身体的平衡性、协调性以及关节活动度
- 紧实核心肌群，肩膀、胸部以及手臂的肌肉
- 稳固核心肌群

有助于

- 足球
- 网球
- 壁球
- 棒球
- 旱冰和滑冰
- 滑雪

避免

- 躯干向任意方向扭转
- 腹部肌肉向外凸起
- 弓背或上身前倾

正确做法

- 尽可能地保持躯干面向前方
- 将肚脐向脊椎的方向收紧，并且紧实你的腹部肌肉
- 目光凝视前方
- 使脊椎的S曲线保持自然状态
- 双脚固定在地面
- 保持稳定的呼吸

③ 手臂和上身保持稳定，向外伸出右腿。试着保持这个姿势几秒钟。

④ 控制你的身体，慢慢放下双臂，收回右腿，回到准备动作。

⑤ 重复另一侧的动作。每一侧的动作重复5次，然后换另一侧。经过一段时间的练习后每一侧动作重复10次。

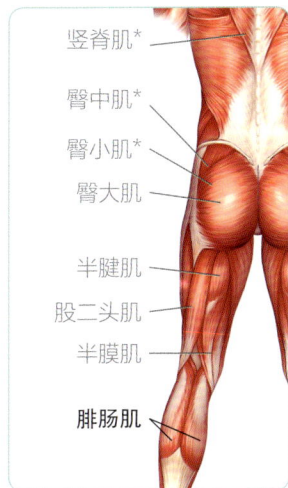

竖脊肌*
臀中肌*
臀小肌*
臀大肌
半腱肌
股二头肌
半膜肌
腓肠肌

三角肌中束

腹直肌

股外侧肌

股中间肌*

股直肌

股内侧肌

腓肠肌

最佳训练部位

- 腓肠肌
- 三角肌中束
- 股直肌
- 股外侧肌
- 股中间肌*
- 股内侧肌
- 腹直肌

解析关键

粗体字代表此动作锻炼的目标肌肉

灰色字代表运动到的其他肌肉

*代表深层肌肉

提举

① 直立站好，双脚打开，与肩同宽，杠铃放在脚前。弯腰，双手握杠铃。

② 利用核心肌群和手臂肌肉的力量举起杠铃，慢慢地抬起臀部，回到准备动作的位置。

益处

- 紧实核心肌群以及手臂的肌肉

有助于

- 网球
- 壁球
- 棒球

正确做法

- 如果你可以的话，保持膝盖稍微弯曲
- 上下提举的时候尽可能地使脊椎的S曲线保持自然状态
- 上举和下降的时候使用同样的时间
- 紧实胸部和肩部的肌肉
- 目光凝视前方

避免

- 感到胸部和肩膀的拉伸
- 耸肩
- 在运动中忽动忽停
- 运动过量
- 弓背或上身前倾
- 在后背疼痛的时候做这项运动

最佳训练部位

- 竖脊肌*
- 臀大肌
- 大收肌
- 股二头肌
- 半腱肌
- 半膜肌

解析关键

粗体字代表此动作锻炼的目标肌肉

灰色字代表运动到的其他肌肉

*代表深层肌肉

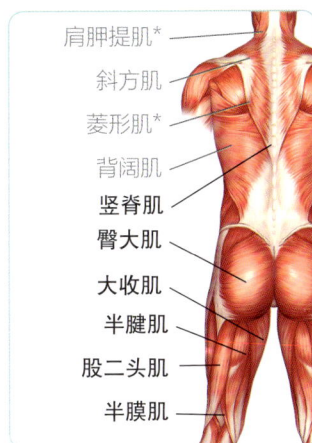

肩胛提肌*
斜方肌
菱形肌*
背阔肌
竖脊肌
臀大肌
大收肌
半腱肌
股二头肌
半膜肌

3 臀部慢慢地下蹲，将杠铃放在地板上。动作重复3次。经过一段时间的练习后争取能重复10次。

肩胛提肌*
斜方肌
菱形肌*
竖脊肌*
腹直肌
背阔肌
腹外斜肌
腹内斜肌*

臀大肌

股二头肌

半膜肌

三头肌回旋上推

① 躺在地板上，脊柱保持自然放松的状态，双手手握体操棒。弯曲手肘，体操棒举过头顶，使你的手臂和体操棒呈直角。

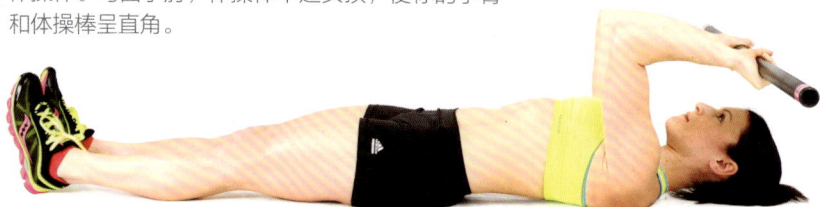

避免
- 在运动中忽动忽停
- 扭转身躯或臀部离开地面

② 伸直手臂，身体其他部位放松。

益处
- 紧实核心肌群以及你的三头肌

有助于
- 舞蹈
- 体操

③ 保持手臂的动作，利用核心肌群的力量，滚动身体，坐起来。手臂继续伸展，将体操棒举过头顶。

④ 慢慢滚动身体躺下，回到准备动作。动作组重复10次。

正确做法

- 控制你的身体，平稳地运动，让你的身体保持稳定
- 运动的时候收紧你腹部的肌肉
- 滚动身体的时候尽可能长时间向下滚动
- 重视动作的正确姿势而非重复的次数
- 尽可能地保持双腿固定在地板上

解析关键

粗体字代表此动作锻炼的目标肌肉

灰色字代表运动到的其他肌肉

*代表深层肌肉

最佳训练部位

- 竖脊肌*
- 肱三头肌
- 腹外斜肌
- 腹直肌
- 腹横肌*

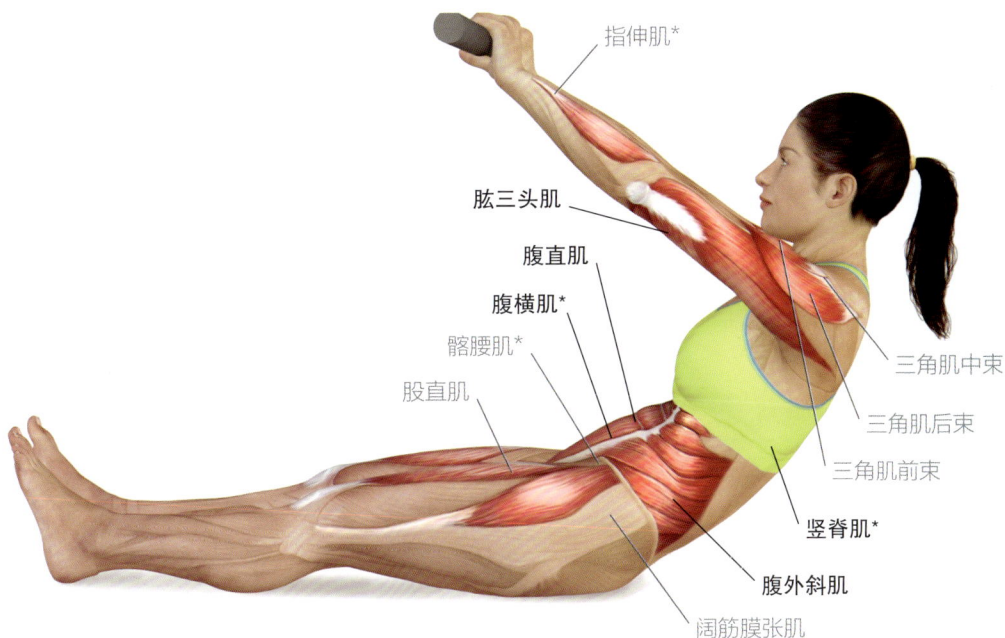

指伸肌*

肱三头肌

腹直肌

腹横肌*

髂腰肌*

股直肌

三角肌中束

三角肌后束

三角肌前束

竖脊肌*

腹外斜肌

阔筋膜张肌

卧式直腿侧平举

① 两腿绷直，侧躺在地上，内侧手的手掌向下撑地。另一只手臂沿身体伸展开，手握哑铃。

正确做法
- 举腿和收腿的时候动作一样平稳
- 保持躯干面向前方
- 伸展双腿
- 底部的胳膊和腿固定在地板上
- 目光注视前方

益处
- 紧实大腿外侧的肌肉以及核心肌群

有助于
- 网球
- 所有田径运动

避免
- 抬腿的时候扭臀
- 绷紧脖子或扭脖子
- 耸肩

② 保持这个动作，慢慢地抬起上面的那条腿。上面的手臂继续上举。如果你可以的话，保持几秒钟。

③ 放下手臂和大腿，回到准备动作。每一侧动作重复10次之后换方向。

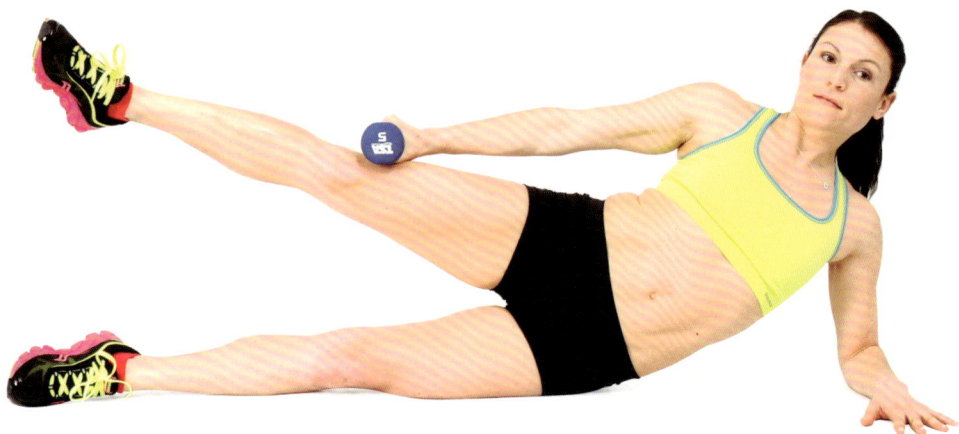

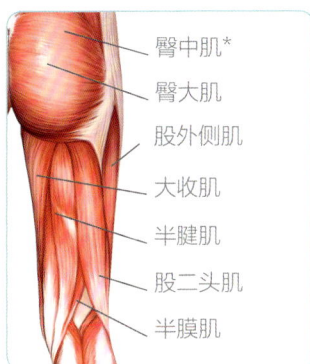

臀中肌*
臀大肌
股外侧肌
大收肌
半腱肌
股二头肌
半膜肌

解析关键

粗体字代表此动作锻炼的目标肌肉

灰色字代表运动到的其他肌肉

*代表深层肌肉

最佳训练部位

- 髂肌*
- 髂腰肌*

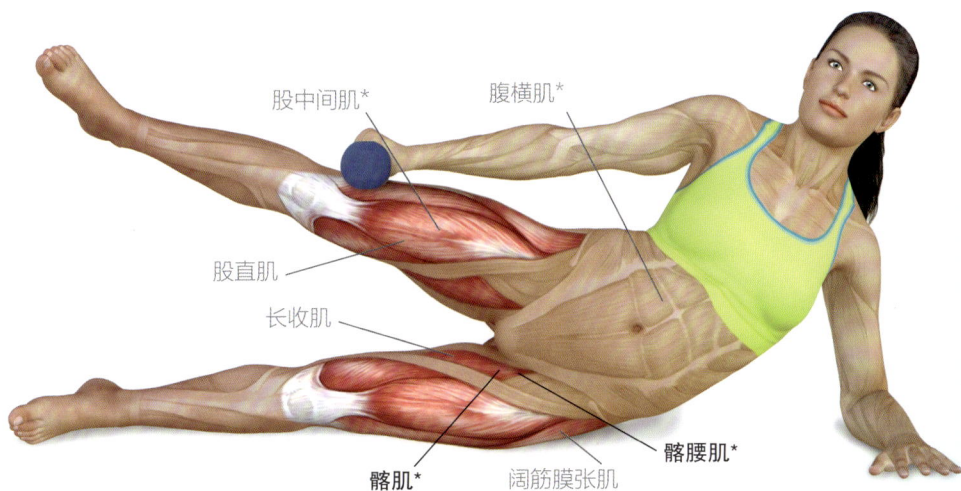

股中间肌*
腹横肌*
股直肌
长收肌
髂肌*
阔筋膜张肌
髂腰肌*

变化练习

难度加大： 试着将动作升级成侧身平板支撑。集中精力。当你握紧哑铃的时候，尽可能地使自己的身体保持在一条直线上。

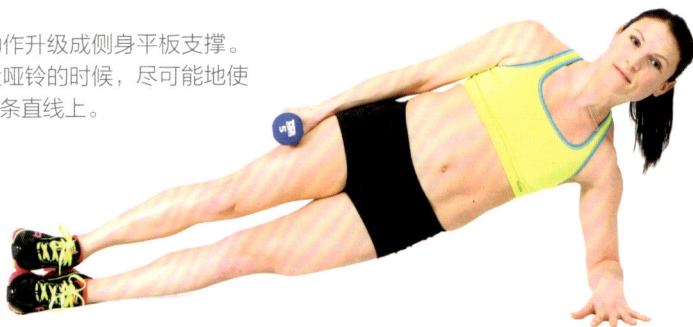

坐式俄罗斯扭转

❶ 双手握哑铃坐下，两腿前伸，双膝弯曲，两脚打开与胯同宽。稍稍向后靠。

正确做法
- 紧实你的核心肌群
- 脚后跟贴紧地面
- 平稳地移动

益处
- 锻炼到核心肌群，尤其能提高腹斜肌、腰背伸肌、腹肌以及深层肌肉的稳定性

有助于
- 网球
- 棒球
- 保龄球

❷ 把哑铃移至右侧的时候收紧核心肌群。

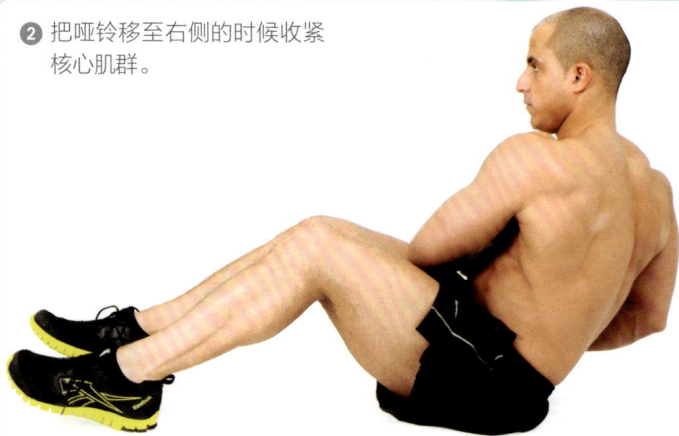

避免
- 弓背
- 耸肩
- 摆动手臂或者在运动的时候忽动忽停
- 让你的脚后跟离开地面
- 绷紧脖子或扭脖子

竖脊肌*
背阔肌
肱三头肌

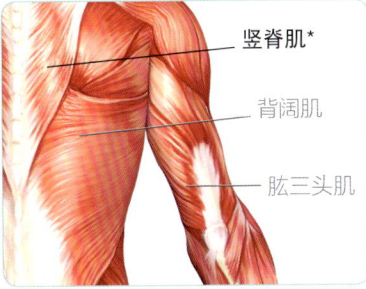

最佳训练部位

- 腹内斜肌*
- 腹直肌
- 腹外斜肌
- 竖脊肌*

解析关键

粗体字代表此动作锻炼的目标肌肉
灰色字代表运动到的其他肌肉
*代表深层肌肉

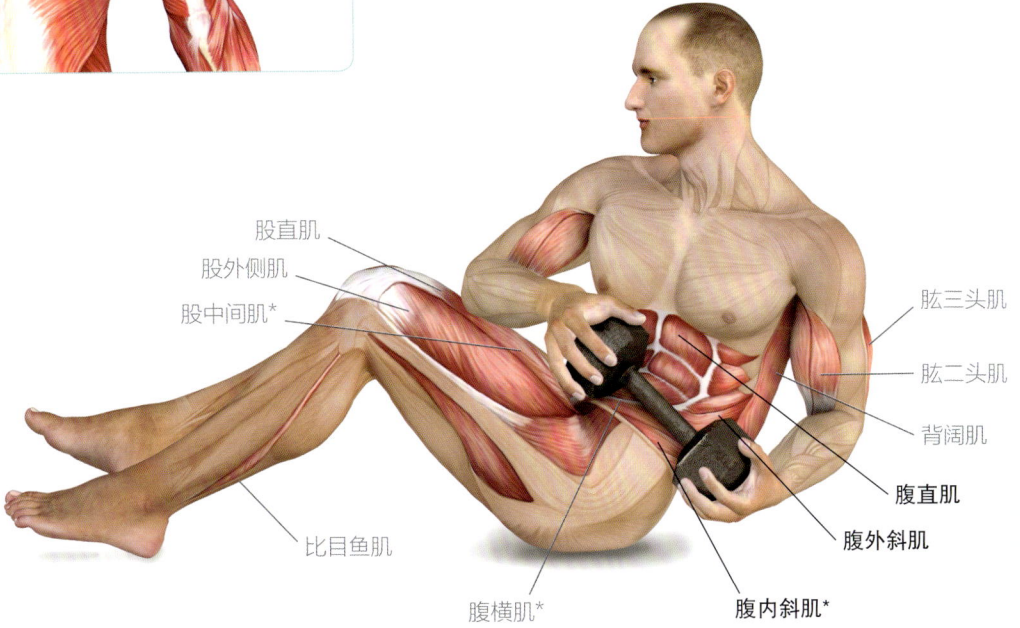

股直肌
股外侧肌
股中间肌*

肱三头肌
肱二头肌
背阔肌
腹直肌
腹外斜肌

比目鱼肌

腹横肌*

腹内斜肌*

❸ 将哑铃移至中间，然后移至身体的左侧。重复以上动作，做20次。

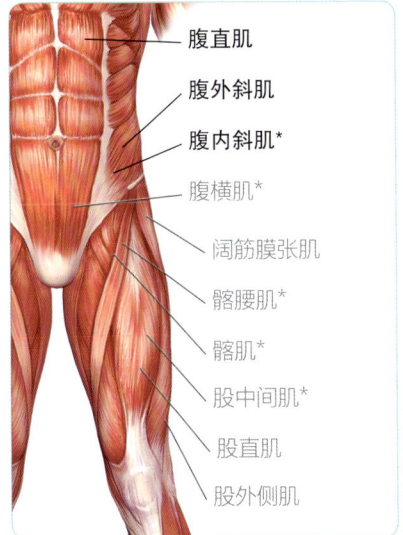

腹直肌
腹外斜肌
腹内斜肌*
腹横肌*
阔筋膜张肌
髂腰肌*
髂肌*
股中间肌*
股直肌
股外侧肌

瑞士球屈臂上拉

❶ 面朝上躺在瑞士球上，利用后背和脖子的力量支撑身体。伸展躯干，弯曲双膝，两腿与脚踝垂直，两脚打开，略比肩宽，平放在地面上。双手手握哑铃，向后伸展双臂，与肩膀平行，从而使你的身体由膝盖到指间形成一条直线。

避免
- 双臂向后伸的时候缩肩
- 弓背
- 动作做得过急
- 太用力压健身球

益处
- 锻炼核心肌群
- 紧实后背部

有助于
- 网球
- 篮球
- 棒球

❷ 保持身体稳定，手臂尽可能伸直，向上抬高手臂。

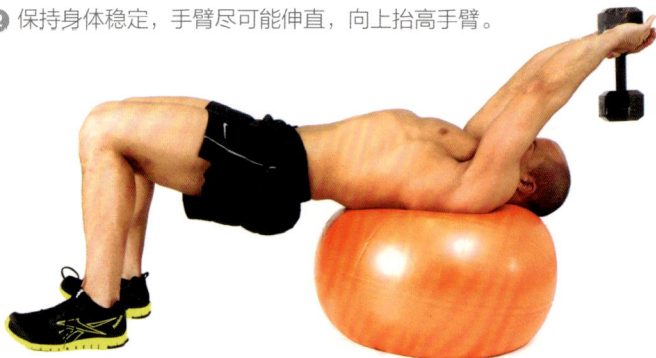

正确做法
- 保持躯干稳定
- 保持双脚固定在地面
- 紧实腹部肌肉
- 提起臀部和骨盆从而使你的大腿、躯干以及颈部形成一条线
- 抬臂和收臂的时候动作一样流畅

斜方肌

菱形肌*

背阔肌

肱三头肌

解析关键

粗体字代表此动作
锻炼的目标肌肉

灰色字代表运动到
的其他肌肉

*代表深层肌肉

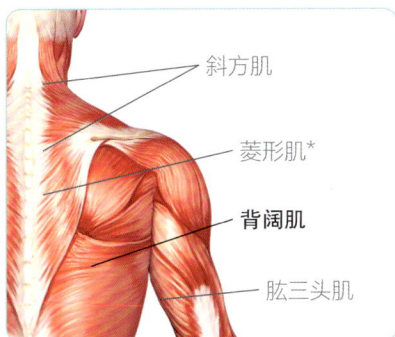

最佳训练部位

- 背阔肌
- 前锯肌

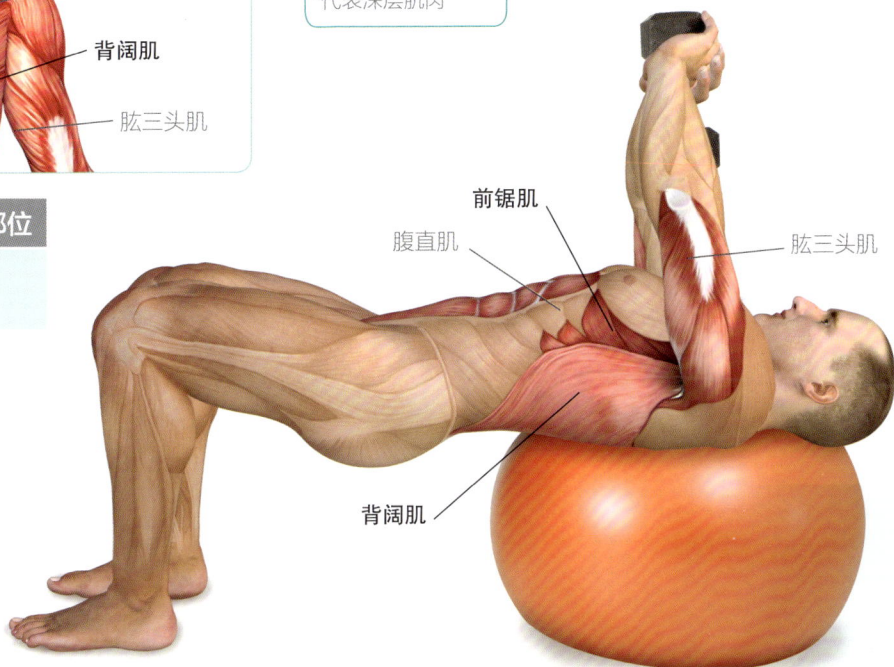

前锯肌

腹直肌

肱三头肌

背阔肌

❸ 继续提高手臂，直到两只手臂完全
  与你的躯干垂直。

❹ 控制你的身体，稳定地完成动作，
  放下双臂，回到准备动作。重复以
  上动作组15次。

胸前弯举瑞士球深蹲

负重训练

❶ 站在墙边，背靠瑞士球，双手手握哑铃。两脚微微向前迈步，做好准备。

正确做法

- 紧实你的核心肌群，你腹部的肌肉在这个动作中起主要作用
- 保持胯部面向前方
- 目光注视前方
- 深蹲或上提起身的时候保持脊椎呈一条直线

避免

- 动作做得过急
- 健身球失控
- 向任意一侧扭臀

益处

- 紧实你的大腿、二头肌、核心肌群以及臀部肌肉

有助于

- 舞蹈
- 体操
- 所有依靠平衡力的运动

❷ 弯曲双膝，降低身体重心，弯曲手臂，使哑铃靠近胸部。当腿部呈深蹲姿势的时候，稳定住背后的瑞士球。

❸ 身体上提，逐渐伸直你的手臂和大腿，哑铃放回身体两侧。这一组动作重复15次。

变化练习

难度加大： 试着将动作升级成侧身平板支撑。集中精力。当你握紧哑铃的时候，尽可能地让自己的身体保持在一条直线上。

最佳训练部位

- **肱肌**
- **肱桡肌**
- **肱二头肌**
- **股直肌**
- **股外侧肌**
- **股中间肌***
- **股内侧肌**
- **臀大肌**
- **股二头肌**
- **半腱肌**
- **半膜肌**

解析关键

粗体字代表此动作锻炼的目标肌肉
灰色字代表运动到的其他肌肉
*代表深层肌肉

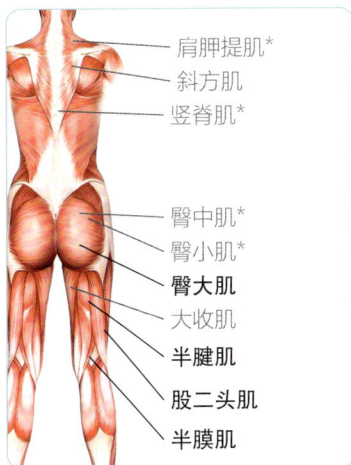

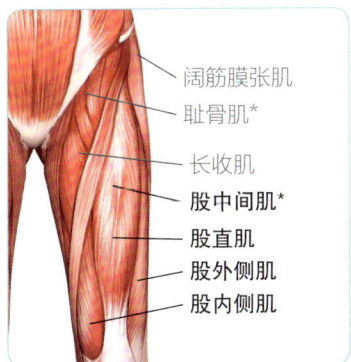

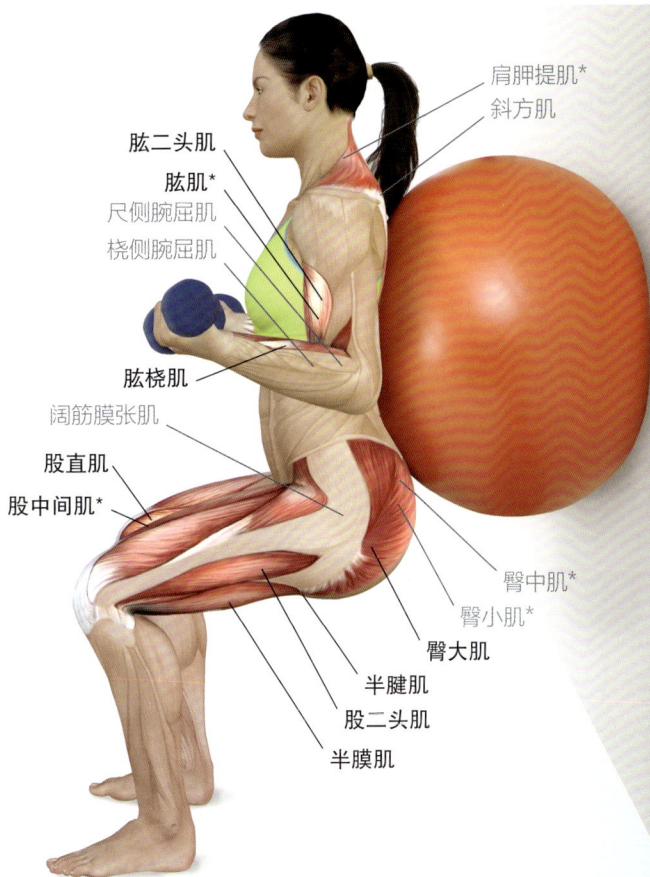

肩胛提肌*
斜方肌
竖脊肌*

臀中肌*
臀小肌*
臀大肌
大收肌
半腱肌
股二头肌
半膜肌

阔筋膜张肌
耻骨肌*
长收肌
股中间肌*
股直肌
股外侧肌
股内侧肌

肱二头肌
肱肌*
尺侧腕屈肌
桡侧腕屈肌
肱桡肌

阔筋膜张肌
股直肌
股中间肌*

肩胛提肌*
斜方肌

臀中肌*
臀小肌*
臀大肌
半腱肌
股二头肌
半膜肌

侧步曲腿

① 直立站好，双脚打开，与胯同宽。双手手握哑铃，放在身体两侧。在右脚后方放一个踏板。

避免
- 扭动脖子
- 耸肩
- 弓背或上身前倾
- 运动速度过快而忽略了正确的姿势

益处
- 紧实腿部和手臂

有助于
- 网球
- 壁球
- 所有田径运动，尤其是足球

② 向右踏出一步，将右脚放在踏板上。同时弯曲手肘，使哑铃贴近胸部。

③ 下移哑铃，左脚踩踏板。

④ 抬起右腿，右脚离开踏板，同时弯曲手肘，哑铃贴近胸部。左脚回到地面同时放松双臂，回到准备动作。

正确做法
- 在扭转和放松的时候，保持上臂的稳定
- 控制你的身体，流畅地完成动作
- 保持躯干向前
- 向内收紧腹部的肌肉
- 目光注视前方
- 双肩离开耳朵向下沉

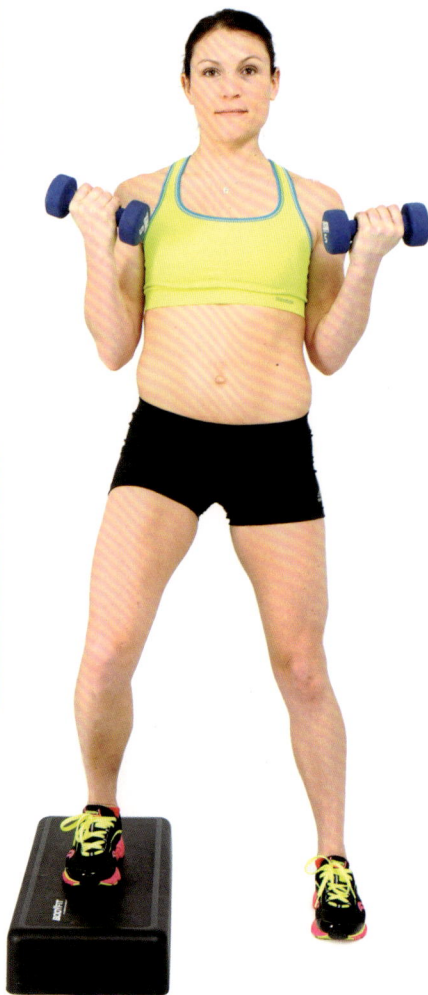

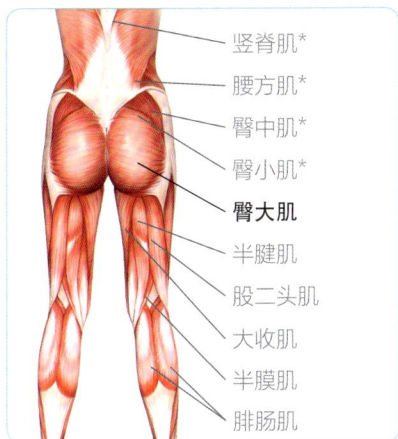

竖脊肌*
腰方肌*
臀中肌*
臀小肌*
臀大肌
半腱肌
股二头肌
大收肌
半膜肌
腓肠肌

解析关键

粗体字代表此动作
锻炼的目标肌肉

灰色字代表运动到
的其他肌肉

*代表深层肌肉

最佳训练部位

- 肱二头肌
- 股中间肌*
- 腹直肌*
- 股外侧肌
- 股内侧肌
- 臀大肌

⑤ 重复另一侧的动作，保持稳定的
节奏，整组动作做20次。

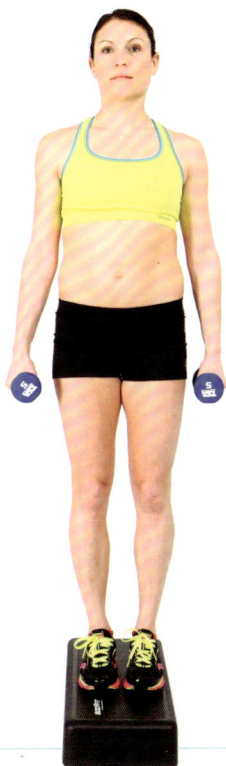

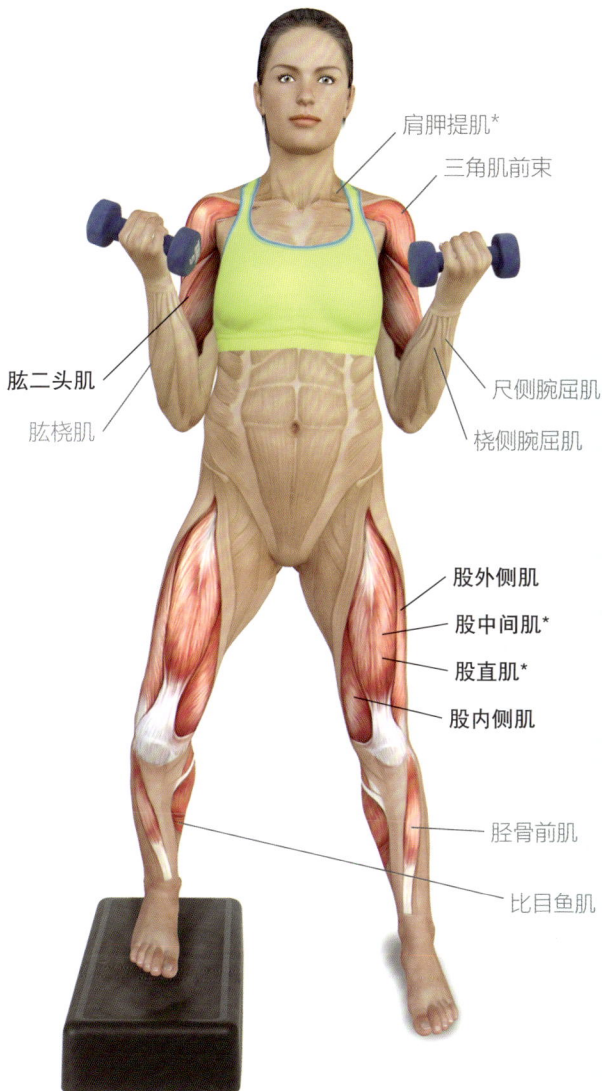

肩胛提肌*
三角肌前束
肱二头肌
肱桡肌
尺侧腕屈肌
桡侧腕屈肌
股外侧肌
股中间肌*
股直肌*
股内侧肌
胫骨前肌
比目鱼肌

交叉登步

❶ 直立站好，双脚打开，与胯同宽，手持实心球，放于胸前。在左脚旁边放上一高一矮两个踏板。

❷ 右腿交叉放在左腿前方，脚踏踏板。重心移至右脚，站在踏板上。

避免
- 扭动脖子
- 耸肩
- 弓背或上身前倾
- 运动速度过快而忽略了正确的姿势

❸ 左脚放在矮踏板上。

❹ 再次将右腿交叉在左腿前，准备落地。

益处
- 提高身体敏捷性和协调性
- 稳定核心

有助于
- 网球
- 壁球
- 足球
- 橄榄球
- 滑旱冰和滑冰

正确做法
- 手握实心球，放至胸前
- 保持稳定的节奏
- 保持躯干向前
- 向内拉紧腹部肌肉
- 目光注视前方
- 双肩离开耳朵向下沉

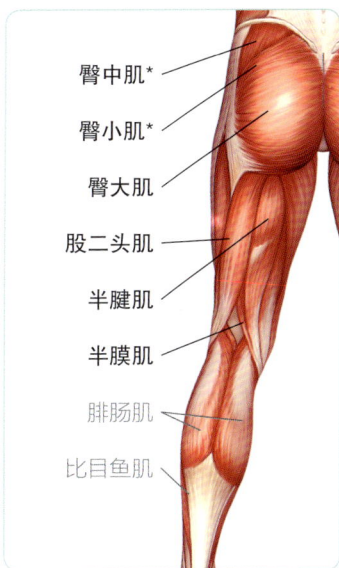

臀中肌*
臀小肌*
臀大肌
股二头肌
半腱肌
半膜肌
腓肠肌
比目鱼肌

最佳训练部位

- 股直肌
- 股外侧肌
- 股中间肌*
- 股内侧肌
- 股二头肌
- 半腱肌
- 半膜肌
- 臀大肌
- 臀中肌*
- 臀小肌*

解析关键

粗体字代表此动作
锻炼的目标肌肉
灰色字代表运动到
的其他肌肉
*代表深层肌肉

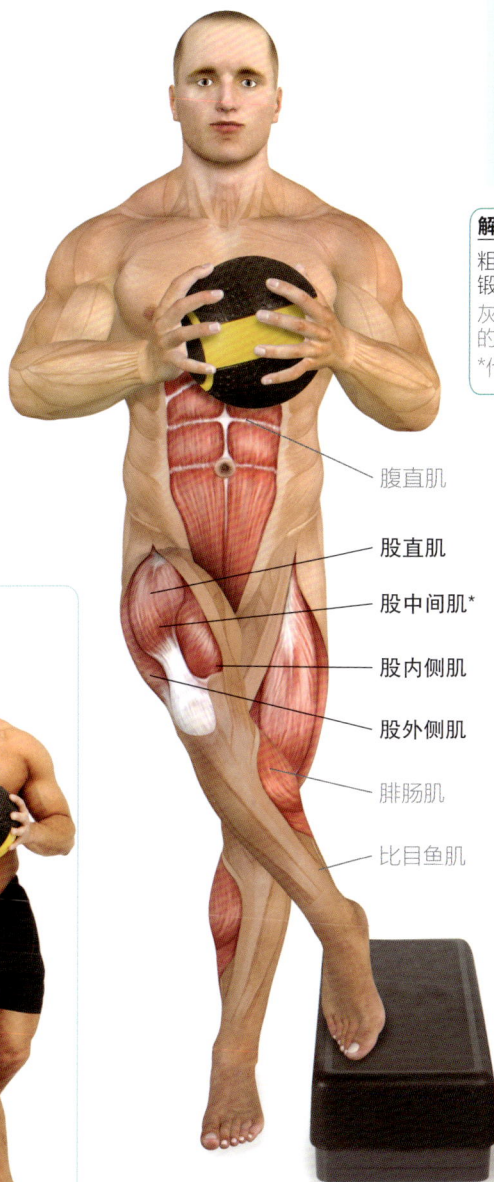

腹直肌

股直肌

股中间肌*

股内侧肌

股外侧肌

腓肠肌

比目鱼肌

❺ 右脚放下，使你
的两脚都落在踏
板的左侧。

❻ 重复另一侧的动
作。动作组重复
15次。

障碍挑战

① 如图所示，在地面摆上锥体、小障碍物以及踏板。手握健身实心球，摆在胸前。

正确做法
- 将实心球固定在你胸前
- 紧实你的腹部肌肉
- 保持匀速运动

益处
- 提高身体敏捷性和协调性
- 强化核心肌群

有助于
- 足球
- 壁球
- 网球
- 田径运动

② 沿对角线方向，从障碍物的一角跳至另一角。

③ 逐个跳过锥体障碍物。

④ 挑战自己，手握实心球，跳过踏板。

避免
- 扭动脖子
- 耸肩
- 在运动过程中忽动忽停
- 放掉实心球

解析关键

粗体字代表此动作
锻炼的目标肌肉
灰色字代表运动到
的其他肌肉
*代表深层肌肉

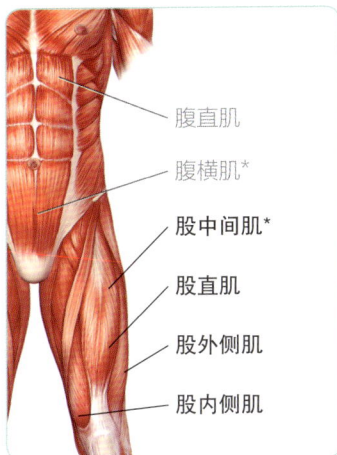

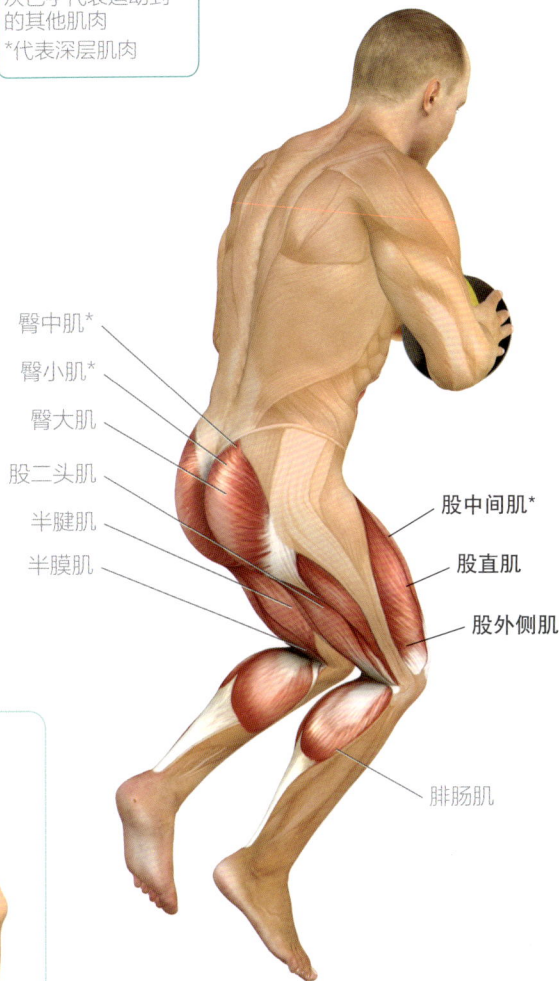

腹直肌

腹横肌*

股中间肌*

股直肌

股外侧肌

股内侧肌

臀中肌*

臀小肌*

臀大肌

股二头肌

半腱肌

半膜肌

股中间肌*

股直肌

股外侧肌

腓肠肌

❺ 慢跑回起点。再来一次，
整个动作组做10次。

最佳训练部位

- **股直肌**
- **股外侧肌**
- **股中间肌***
- **股内侧肌**

97

抗阻力训练

接下来的这些抗阻力训练旨在帮你加强肌体的力度。当你能很轻松地完成之前的练习的时候，你可以开始抗阻力训练，例如将哑铃换成实心球，或者给哑铃增重。不论你是在健身房锻炼还是在家中锻炼，切记不要在运动的时候忽动忽停，相反，你需要控制好自己的身体，平稳地完成这些动作。在保持正确的姿势的同时保持顺畅的呼吸。研究每一个动作的肌肉图解和注释，想象一下，经过每一次练习之后，你的肌肉会变得更加强壮，身材更加苗条。

伐木术

❶ 直立站好，双脚打开，与胯同宽，拉力器位于身体右侧。两手手握拉力器手柄。双腿稍稍弯曲。

避免
- 挺直膝盖
- 耸肩
- 转脖子
- 在运动中忽停忽动
- 手臂举得过高而不能控制核心肌群或者造成弓背现象

❷ 慢慢地完成动作，旋转你的核心肌群，手臂沿对角线方向上移至右上方。

益处
- 锻炼、紧实手臂肌肉和腹斜肌
- 锻炼持久力

有助于
- 高尔夫
- 网球
- 滑雪

正确做法
- 控制你的身体，慢慢地运动
- 上举或下移双臂的时候，目光随手臂移动
- 收紧核心肌群和腹部肌肉
- 你可以用弹力带来完成这个练习。将一端固定在脚下，手握另一端，然后向相反的方向扭转身体。

❸ 控制你的身体，两臂沿对角线下移，回到初始位置，完成"砍树"的动作。然后将你的核心肌群扭转至身体的另一侧。

❹ 每一侧动作重复10次。

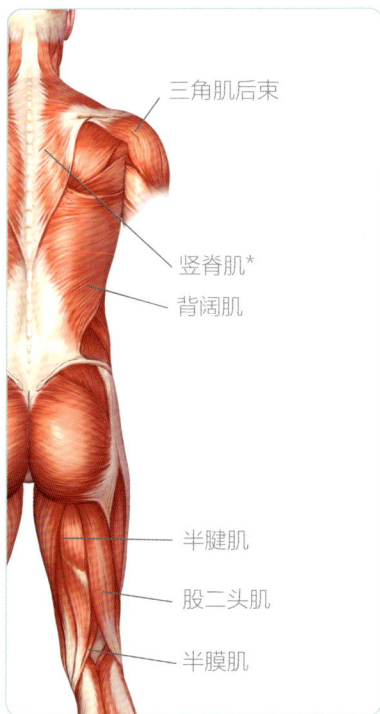

三角肌后束

竖脊肌*

背阔肌

半腱肌

股二头肌

半膜肌

解析关键
粗体字代表此动作锻炼的目标肌肉
灰色字代表运动到的其他肌肉
*代表深层肌肉

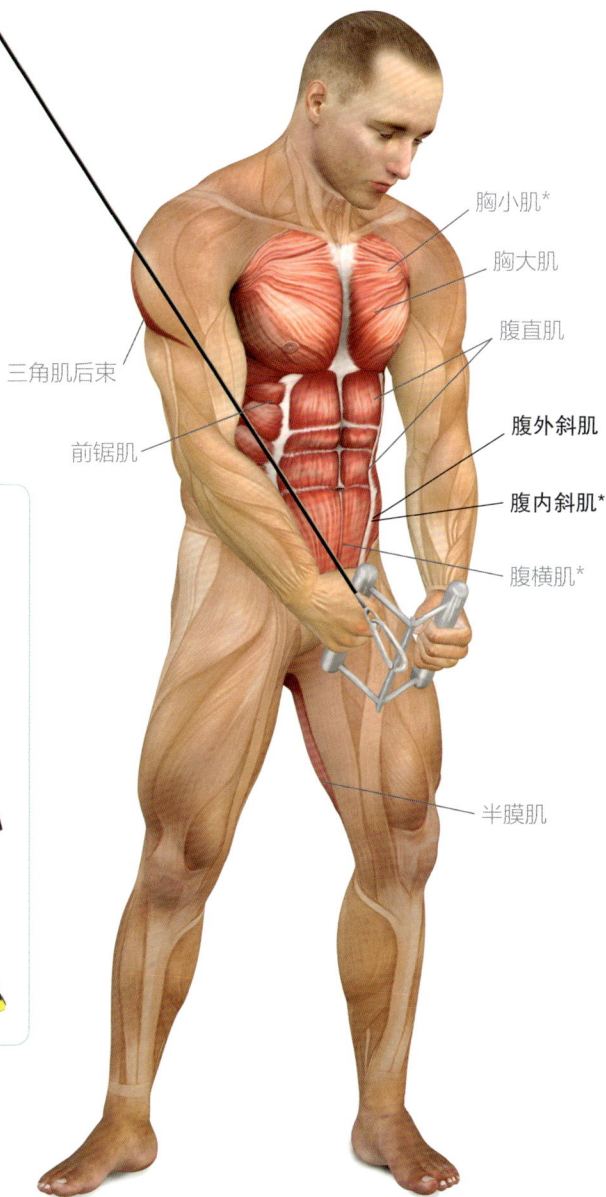

胸小肌*

胸大肌

腹直肌

三角肌后束

腹外斜肌

前锯肌

腹内斜肌*

腹横肌*

半膜肌

变化练习

难度减小：简化版的伐木术需要你将缆线举起至肩膀的高度，这样使你的手臂肌肉不再紧张，集中注意力观察自己的姿势是否标准。

转体后抬臂

抗
阻
力
训
练

❶ 直立站好，脸对绳索拉力器，双脚打开与胯同宽。双手手握拉力器。

正确做法
- 做动作时脚踏在地上不动，身子要平稳
- 把动作控制得慢一些
- 收紧腹部和臂部的肌肉

益处
- 锻炼、紧实手臂肌肉和腹斜肌
- 锻炼持久力

有助于
- 高尔夫
- 网球
- 滑雪

❷ 弯曲手肘，将拉力器拉到胸前。你的手肘应该与肩膀齐平。

❸ 把你的臀部作为转轴，上身右转。

❹ 手臂固定。如果可以的话，让你的左膝稍稍弯曲。

❺ 伸直手臂，放开拉力器，回到准备动作。换手，重复另一侧的动作，争取每一侧能重复20次。

避免
- 在运动过程中动作过猛
- 挺直膝盖
- 弓背或背部向前倾

最佳训练部位

- 斜方肌
- 三角肌中束
- 腹直肌
- 腹外斜肌
- 腹内斜肌*

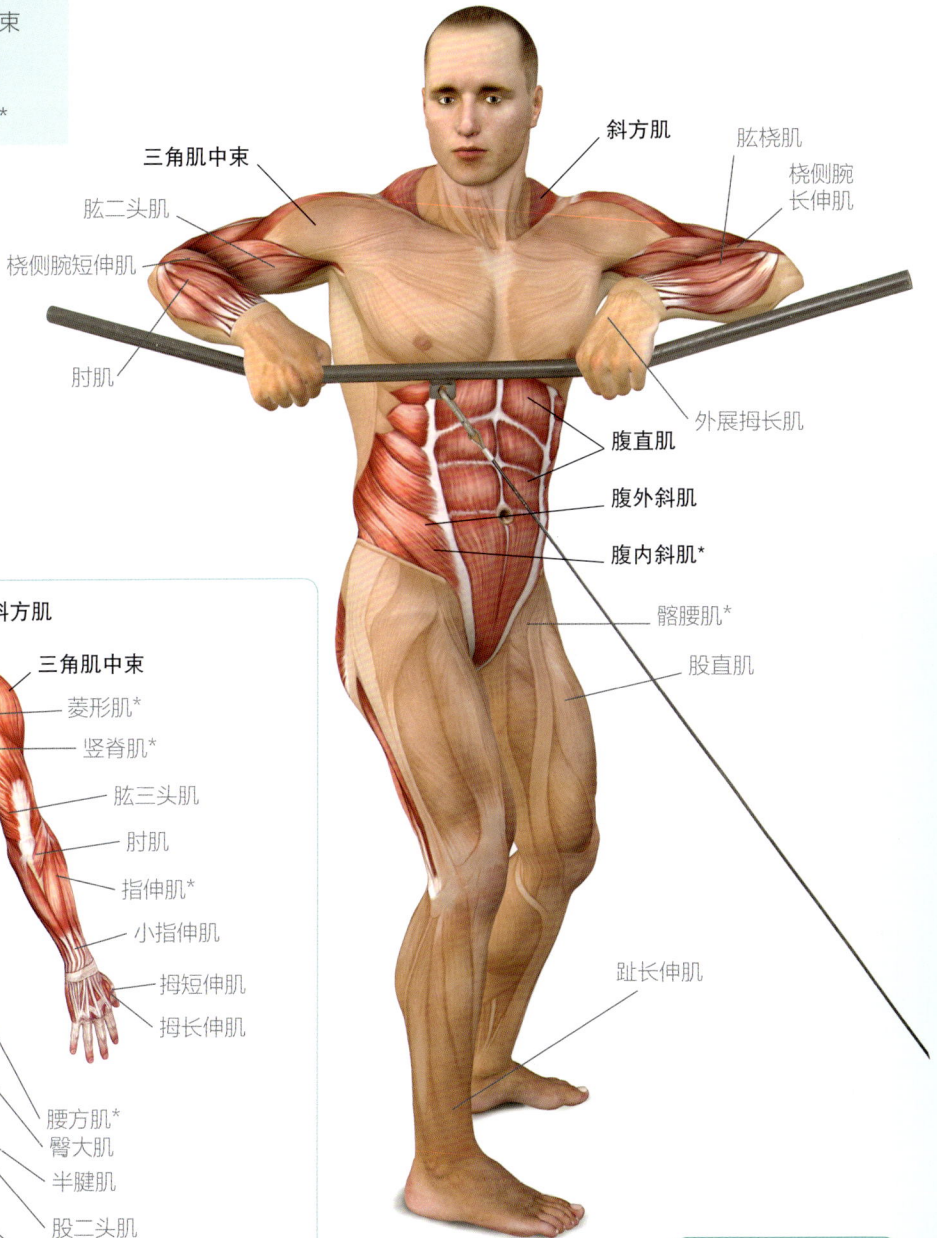

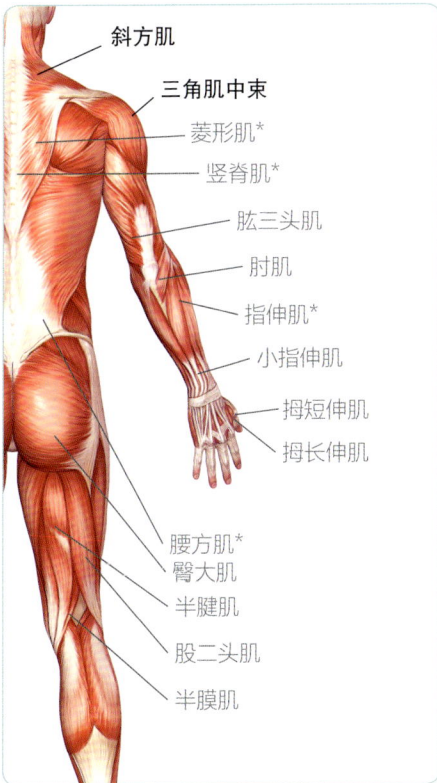

三角肌中束
肱二头肌
桡侧腕短伸肌
肘肌

斜方肌
肱桡肌
桡侧腕长伸肌
外展拇长肌
腹直肌
腹外斜肌
腹内斜肌*
髂腰肌*
股直肌
趾长伸肌

斜方肌
三角肌中束
菱形肌*
竖脊肌*
肱三头肌
肘肌
指伸肌*
小指伸肌
拇短伸肌
拇长伸肌
腰方肌*
臀大肌
半腱肌
股二头肌
半膜肌

解析关键

粗体字代表此动作锻炼的目标肌肉
灰色字代表运动到的其他肌肉
*代表深层肌肉

深蹲划船

① 直立站好，手握弹力带两侧。双脚打开与胯同宽，既不能弓背，背部也不能前倾。目光直视前方。

② 弯曲膝盖。同时弯曲手肘，将弹力带向身体两侧拉动。

正确做法
- 双脚固定在地面
- 曲膝的时候，试着让两腿弯曲呈直角
- 控制你的身体，慢慢地完成动作
- 收紧腹部

益处
- 紧实腿部、臀部以及肩部的肌肉
- 锻炼耐力

有助于
- 滑雪
- 滑冰或滑旱冰
- 划船

③ 身体的其他部分保持稳定，收紧腹肌，双手继续向外拉弹力带。

④ 慢慢地回到准备动作。重复练习，刚开始的时候做10次，经过一段时间的练习，试着重复20次。

避免
- 扭转躯干
- 弓背
- 动作做得过急
- 向任意一侧扭动脖子
- 收下巴

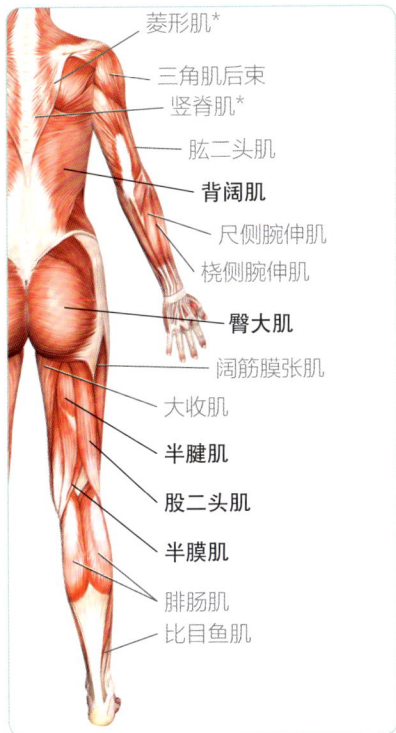

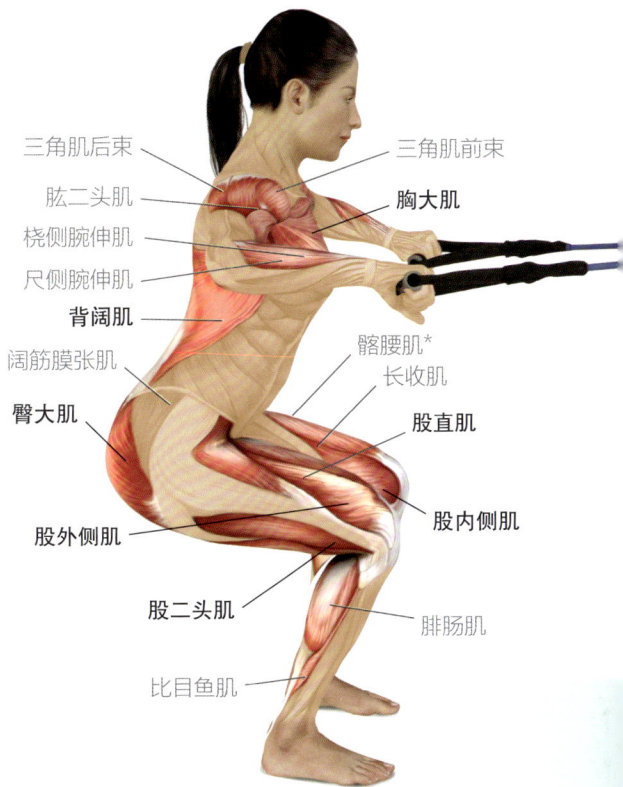

菱形肌*
三角肌后束
竖脊肌*
肱二头肌
背阔肌
尺侧腕伸肌
桡侧腕伸肌
臀大肌
阔筋膜张肌
大收肌
半腱肌
股二头肌
半膜肌
腓肠肌
比目鱼肌

三角肌后束
肱二头肌
桡侧腕伸肌
尺侧腕伸肌
背阔肌
阔筋膜张肌
臀大肌
股外侧肌
股二头肌
比目鱼肌

三角肌前束
胸大肌
髂腰肌*
长收肌
股直肌
股内侧肌
腓肠肌

变化练习

难度加大：最后一步的时候，当你手握拉索的时候，试着将一条腿弯曲至身后。做单腿深蹲的姿势。整个动作过程中，背部保持自然曲线。

① ②

最佳训练部位

- 臀大肌
- 股直肌
- 股外侧肌
- 股中间肌*
- 股内侧肌
- 股二头肌
- 半腱肌
- 半膜肌
- 背阔肌
- 胸大肌

解析关键

粗体字代表此动作锻炼的目标肌肉

灰色字代表运动到的其他肌肉

*代表深层肌肉

后弓步胸前推

抗阻力训练

❶ 直立站好,双脚平行打开,与肩同宽。两手分别抓住一条拉力带的拉手,然后把两条拉力带的另一个拉手分别套在身体两侧的健身器材或其他固定物体上。两臂平伸,与身体垂直,拉住两条拉力带,要吃上劲。

避免
- 往左或往右扭身
- 绷紧双肩

正确做法
- 身体向正前方
- 收紧腹部和臀部肌肉
- 动作要控制得慢一些

益处
- 加强臂部和胸部力量,让肌肉变结实
- 增强协调性

有助于
- 网球
- 滑雪
- 所有田径运动

❷ 左腿后伸。

❸ 两膝弯曲成后弓步,同时下压双臂,感受拉力带的拉力。

❹ 慢慢伸直双腿,抬起双臂,回到一开始的姿势。

❺ 左腿前伸,重复另一侧的动作。然后交换姿势,每侧共重复10次。

菱形肌*

竖脊肌*

臀小肌*

臀大肌

闭孔外肌*

阔筋膜张肌

大收肌

短收肌*

半腱肌

长收肌

股二头肌

半膜肌

腓肠肌

比目鱼肌

最佳训练部位

- 股直肌
- 股外侧肌
- 股中间肌*
- 股内侧肌
- 股二头肌
- 半腱肌
- 半膜肌
- 臀大肌
- 胸大肌

解析关键

粗体字代表此动作锻炼的目标肌肉

灰色字代表运动到的其他肌肉

*代表深层肌肉

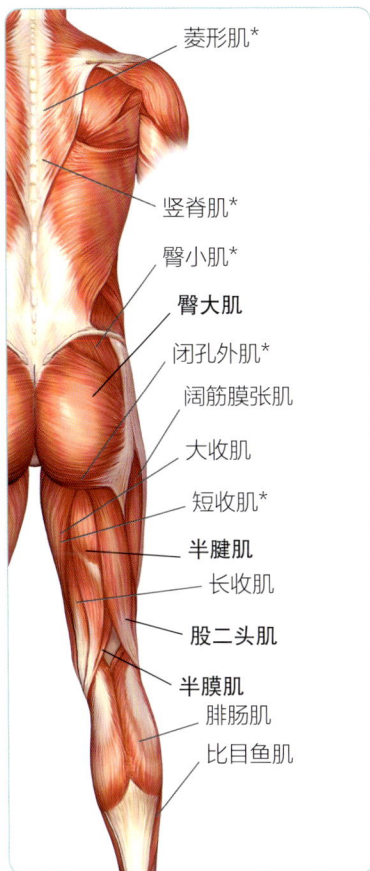

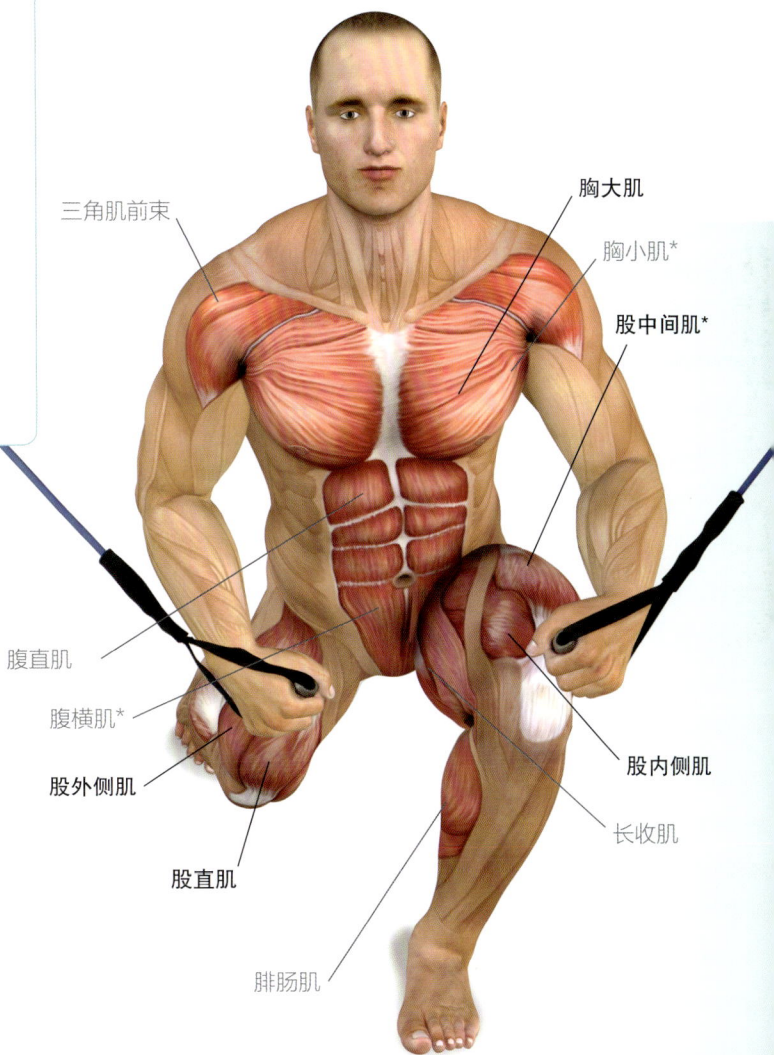

三角肌前束

胸大肌

胸小肌*

股中间肌*

腹直肌

腹横肌*

股外侧肌

股直肌

腓肠肌

股内侧肌

长收肌

深蹲推举

❶ 两手在拉力器附近循环拉动弹力带。背对拉力器站好，双脚打开，与胯同宽，双手握住手柄。

❷ 弯曲手肘，上举双臂到肩膀的高度，感受一下弹力带的拉力。

避免
- 挺直膝盖
- 弓背
- 扭脖子
- 向任意一侧扭动躯体

益处
- 紧实手臂、核心肌群以及臀部的肌肉

有助于
- 滑雪
- 滑冰和滑旱冰
- 划船
- 所有田径运动

正确做法
- 肩膀向后背方向下沉
- 双脚固定在地面
- 躯干向前，上举或下移双臂的时候臀部保持水平

❸ 弯曲双膝，做深蹲姿势。同时，向前伸直双臂，双臂下压，感受弹力带的拉力。

❹ 慢慢地伸直双膝，放松手柄，手臂回到准备动作的位置。动作重复15次。

最佳训练部位

- 臀大肌
- 胸大肌
- 股直肌
- 股外侧肌
- 股中间肌*
- 股内侧肌
- 股二头肌
- 半腱肌
- 半膜肌

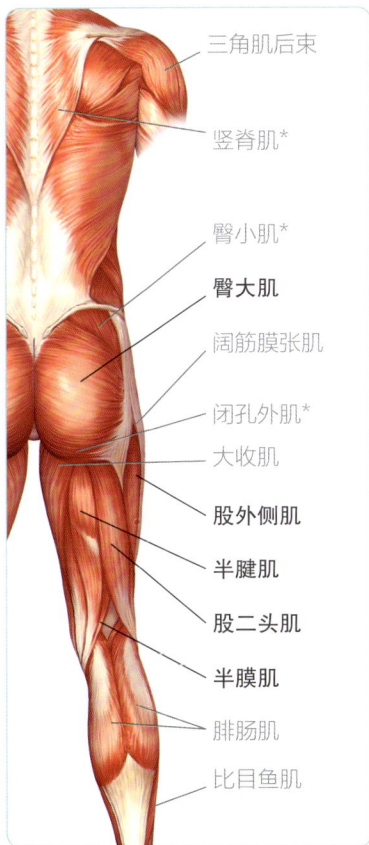

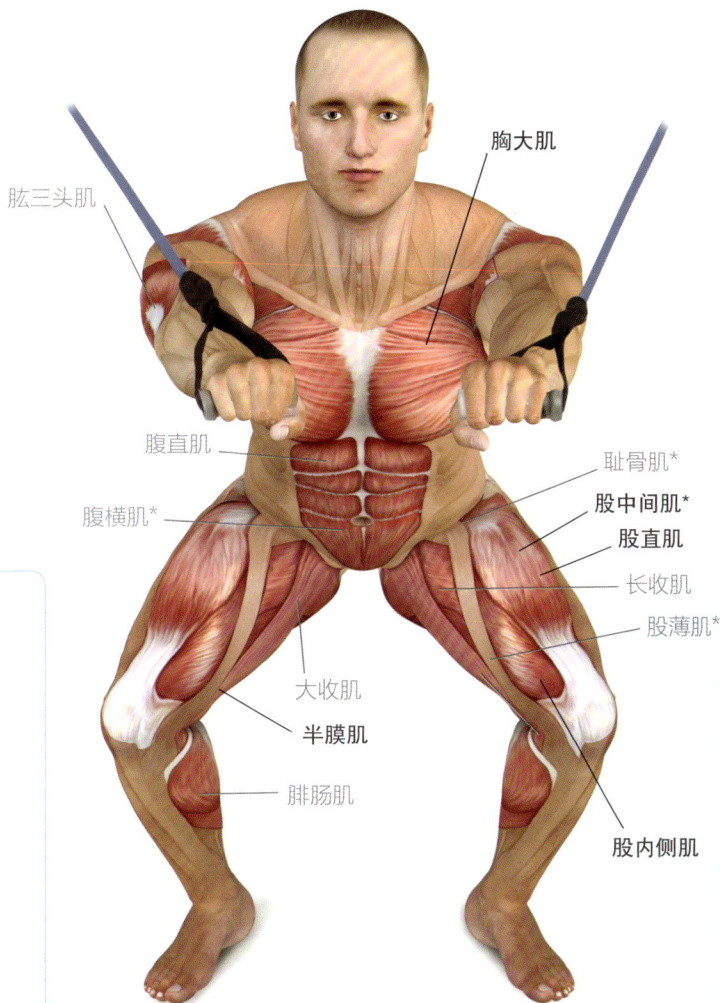

胸大肌

肱三头肌

腹直肌

腹横肌*

耻骨肌*

股中间肌*

股直肌

长收肌

股薄肌*

大收肌

半膜肌

腓肠肌

股内侧肌

三角肌后束

竖脊肌*

臀小肌*

臀大肌

阔筋膜张肌

闭孔外肌*

大收肌

股外侧肌

半腱肌

股二头肌

半膜肌

腓肠肌

比目鱼肌

解析关键

粗体字代表此动作锻炼
的目标肌肉

灰色字代表运动到的其
他肌肉

*代表深层肌肉

髋关节伸展反向后拉

① 直立站好，面对拉力器，双脚打开，与胯同宽。将拉力器的一侧固定到右脚脚踝。双手手握哑铃。

② 慢慢地举起右腿。同时将双臂向身体两侧打开。当你上举的时候你的躯干可以稍稍向前弯曲。

益处
- 紧实手臂、后背以及核心肌群
- 提高了身体的协调性

有助于
- 自由滑冰
- 单板滑雪
- 体操
- 网球
- 所以田径运动

③ 尽可能高地上举双臂和腿，背部保持平直。保持臀部的稳定和面向前方。

④ 慢慢地将右脚放在地板上。手臂放到身体两侧。上身挺直，慢慢回到准备动作的位置。

⑤ 重复动作，争取能重复5次。然后，将拉力器固定到另一侧的脚踝上，重复动作。

正确做法
- 双臂以及负重的那条腿以同样的速度运动
- 目光凝视前方，注视在一个固定点上，帮助你的身体保持平衡
- 向内收紧臀部和腹部的肌肉

避免
- 运动中的任何动作做得过急
- 向任意一侧扭臀
- 耸肩
- 扭脖子

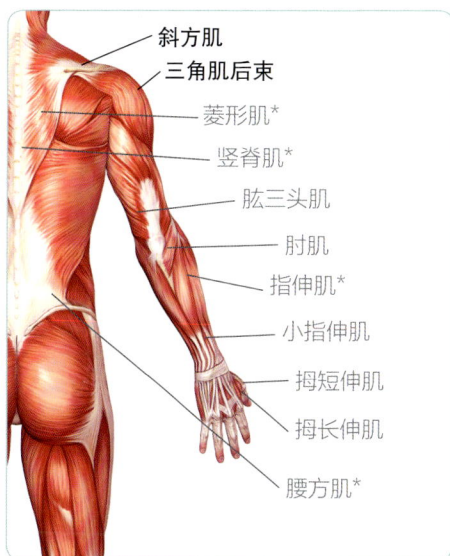

斜方肌
三角肌后束
菱形肌*
竖脊肌*
肱三头肌
肘肌
指伸肌*
小指伸肌
拇短伸肌
拇长伸肌
腰方肌*

解析关键

粗体字代表此动作锻炼的目标肌肉

灰色字代表运动到的其他肌肉

*代表深层肌肉

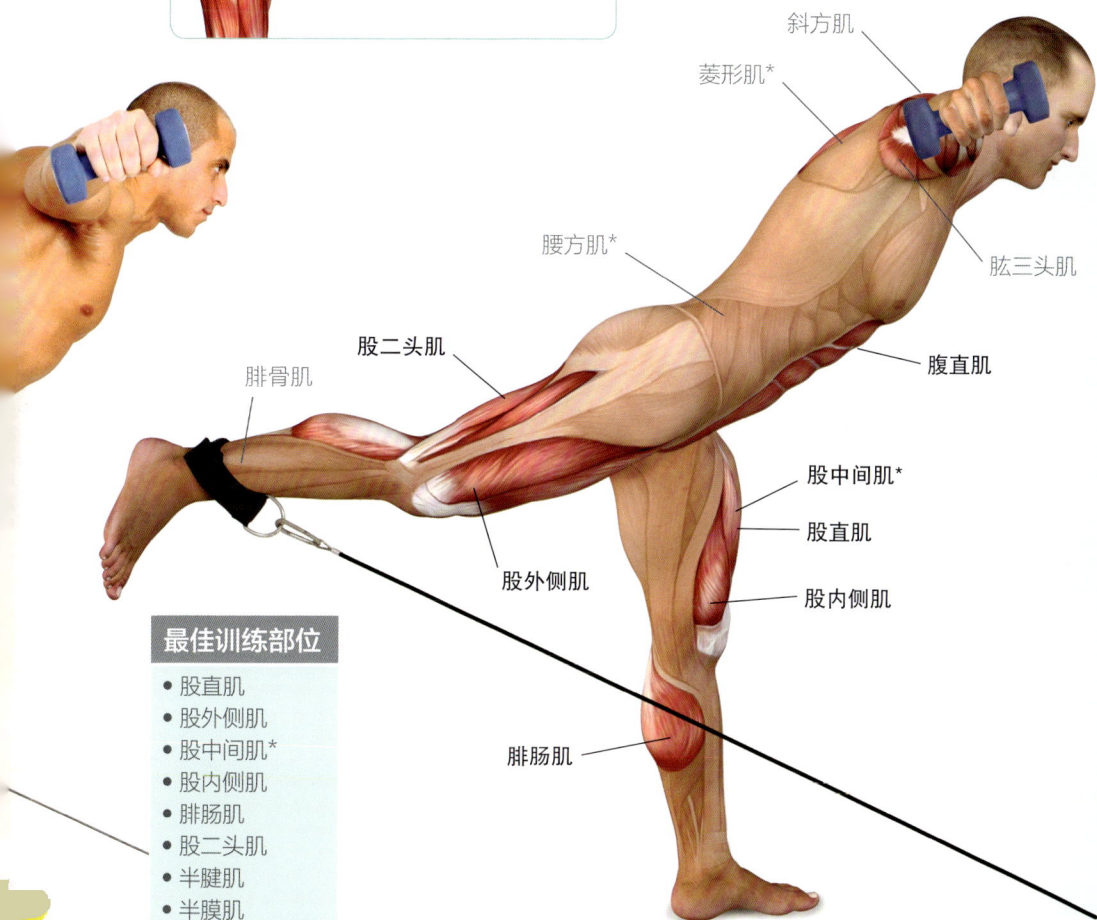

斜方肌
菱形肌*
腰方肌*
肱三头肌
腹直肌
股二头肌
腓骨肌
股中间肌*
股直肌
股外侧肌
股内侧肌
腓肠肌

最佳训练部位

- 股直肌
- 股外侧肌
- 股中间肌*
- 股内侧肌
- 腓肠肌
- 股二头肌
- 半腱肌
- 半膜肌
- 腹直肌
- 三角肌后束

伸展放松

对于你的功能性训练来说，肌肉的伸展和放松起着至关重要的作用。以下的这些练习将能帮助你在放松身体的同时增加关节的灵活度，让那些因为不正确姿势或者过度运动的肌肉得到缓解。经过一段练习之后，这些训练可以帮助你放松筋膜（结缔组织周围的肌肉），并且中和在运动过程中产生的乳酸。除此之外，这些运动可以促进血液循环，使人产生一种放松感、幸福感。你可以在其他运动后进行这些运动，也可以单做这些运动。

三头肌伸展

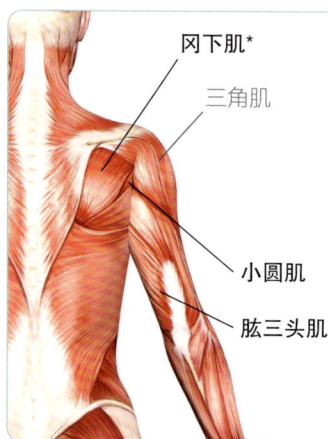

冈下肌*

三角肌

小圆肌

肱三头肌

最佳训练部位

- 肱三头肌
- 小圆肌
- 冈下肌*
- 大圆肌

益处

- 伸展躯体，放松身体，缓解三角肌僵硬

有助于

- 棒球
- 网球

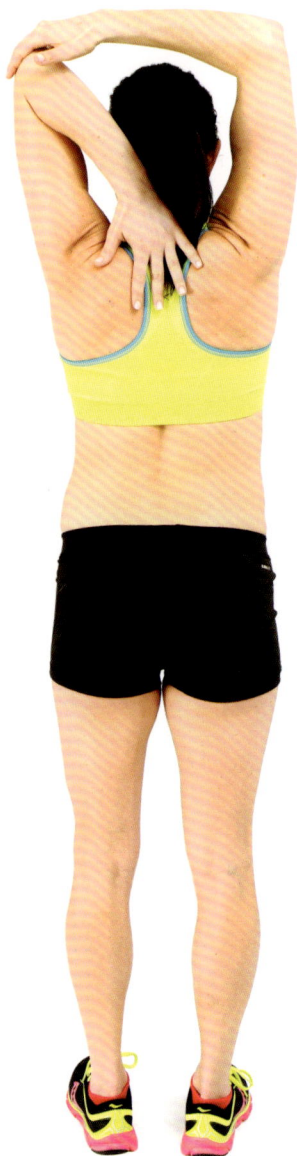

解析关键

粗体字代表此动作锻炼的目标肌肉

灰色字代表运动到的其他肌肉

*代表深层肌肉

❶ 直立站好，两臂放在身体两侧。将双臂举过头顶。

❷ 弯曲双臂，一只手握住另一只手臂的手肘，轻轻地拉。

❸ 继续向后拉手肘，直到你的手臂下侧有拉伸的感觉。

❹ 保持15秒。放开手肘，将双臂放回身体两侧。重复另一侧的动作，每只手臂上的动作重复3次。

胸肌伸展

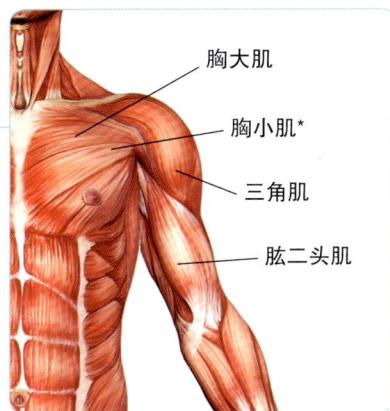

胸大肌
胸小肌*
三角肌
肱二头肌

最佳训练部位
- 胸大肌
- 胸小肌*
- 三角肌
- 肱二头肌

正确做法
- 移动双臂的时候，伸直手肘
- 保持躯干伸直，向上
- 如果想要增强动作的效果，在手臂上举的时候使两手手掌向外翻
- 目光注视前方

避免
- 躯干倾斜
- 向任意一侧扭头
- 耸肩
- 过度弓背
- 身体前倾

1 直立站好，两臂放在身体两侧。

2 将双臂并于背后，两手交叉握住。

3 身体的其他部分保持不动，上举的时候双手向后撑，想象你的肩胛骨向前移动。

4 坚持15秒。放松，回到准备动作的位置，重复3次。

益处
- 伸展躯体，放松身体，缓解三角肌僵硬

有助于
- 棒球
- 网球

小腿肌伸展

正确做法
- 为了强化伸展，加大弯曲膝盖的程度、降低身体重心
- 使劲勾住脚尖

避免
- 紧绷双肩

最佳训练部位
- 腓肠肌

益处
- 拉伸小腿肌
- 僵硬的跟腱放松

有助于
- 跑步
- 网球
- 所有田径运动

1 双脚平行站立与肩同宽向前伸左脚。

2 弯曲右膝、向前微微倾斜臀部、勾左脚、保持左腿伸直。

3 坚持15秒钟。放松，回到准备动作的位置，每条腿重复3次。

解析关键
粗体字代表此动作锻炼的目标肌肉
灰色字代表运动到的其他肌肉
*代表深层肌肉

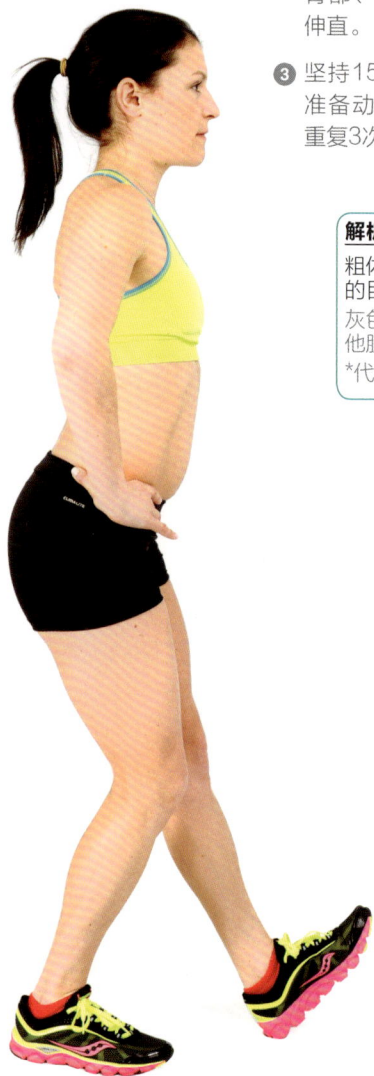

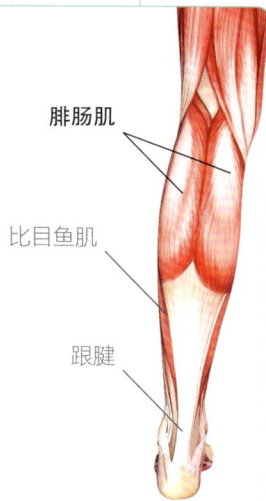

腓肠肌

比目鱼肌

跟腱

四头肌伸展

正确做法
- 将膝盖向后拉的时候感觉到四头肌的伸展

① 两脚并拢站好。左腿向后伸，左手抓住左脚。

② 将左脚脚后跟向臀部的方向拉伸，直到你的左腿大腿有拉伸感。

③ 保持15秒。放松，回到准备动作的位置，每条腿重复3次。

避免
- 身体前倾
- 弓背
- 用太大的力量拉腿

最佳训练部位
- 股直肌
- 股内侧肌

解析关键
粗体字代表此动作锻炼的目标肌肉
灰色字代表运动到的其他肌肉
*代表深层肌肉

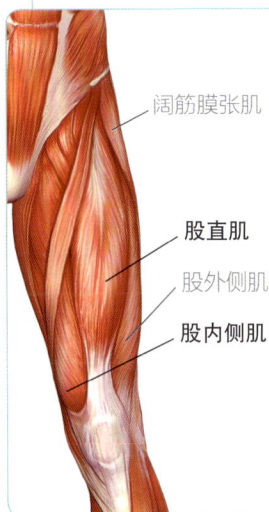

阔筋膜张肌

股直肌

股外侧肌

股内侧肌

益处
- 伸展躯干，放松身体，缓解大腿前侧的僵硬
- 缓解腰背部的紧张

有助于
- 跑步
- 网球
- 所有田径运动

梨状肌伸展

伸展放松

❶ 躺下，两腿前伸，两臂放于身
　体两侧。弯曲双膝。

正确做法
- 放松臀部，从而完成
　更好的伸展
- 慢慢地完成这个训练

益处
- 伸展躯干，放松
　身体，缓解臀
　部、梨状肌以及
　后背的僵硬

有助于
- 跑步
- 骑自行车
- 滑冰或滑旱冰

❷ 双臂和躯干保持不动，两脚抬离地面。
　将右脚脚踝放在左膝上，右腿靠着左腿
　放松。

避免
- 将左腿拉向胸部的时候过
　分用力，或者忽动忽停
- 脖子离开地面

最佳训练部位

- 梨状肌*
- 股方肌*

解析关键

粗体字代表此动作锻炼的目标肌肉

灰色字代表运动到的其他肌肉

*代表深层肌肉

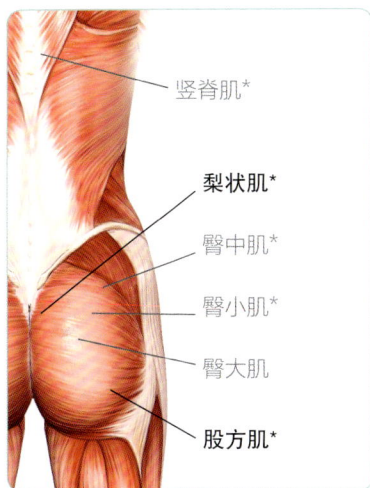

竖脊肌*

梨状肌*

臀中肌*

臀小肌*

臀大肌

股方肌*

梨状肌*

臀中肌*

臀小肌*

臀大肌

股方肌*

❸ 双手握住左腿大腿。放松呼吸，慢慢将左腿拉向胸部，直到你能感受到拉伸感。

❹ 保持15秒。放松，重复另一侧的动作。

髋关节到大腿部伸展

① 单腿下跪，右膝着地。左脚向前迈出。左脚与地面平行，右脚脚后跟向上勾。

② 重心逐渐迁移，身体慢慢前倾。继续弯曲左膝，使左膝膝盖盖朝向你的脚趾。

正确做法
- 放松肩膀和颈部
- 上身保持稳定

避免
- 在腹股沟有伤的时候做这个练习

益处
- 臀部和大腿得到伸展
- 提高手臂和腿部的关节活动程度

有助于
- 举重
- 滑雪
- 滑冰或滑旱冰
- 跑步

③ 躯干保持稳定，左臀部先前顶，直到你能感受到左腿大腿的拉伸感。

④ 举起双臂，指向天花板。保持10秒，放松，重复4次以上。换腿，重复另一侧的动作。

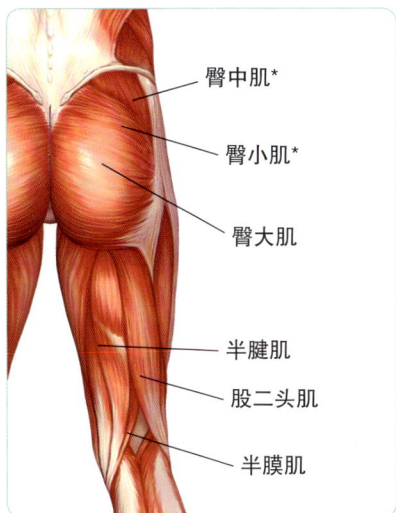

臀中肌*
臀小肌*
臀大肌
半腱肌
股二头肌
半膜肌

解析关键

粗体字代表此动作锻炼的目标肌肉
灰色字代表运动到的其他肌肉
*代表深层肌肉

最佳训练部位

- 股直肌
- 股外侧肌
- 股中间肌*
- 股内侧肌
- 臀大肌
- 臀中肌*
- 臀小肌*
- 股二头肌
- 半腱肌
- 半膜肌

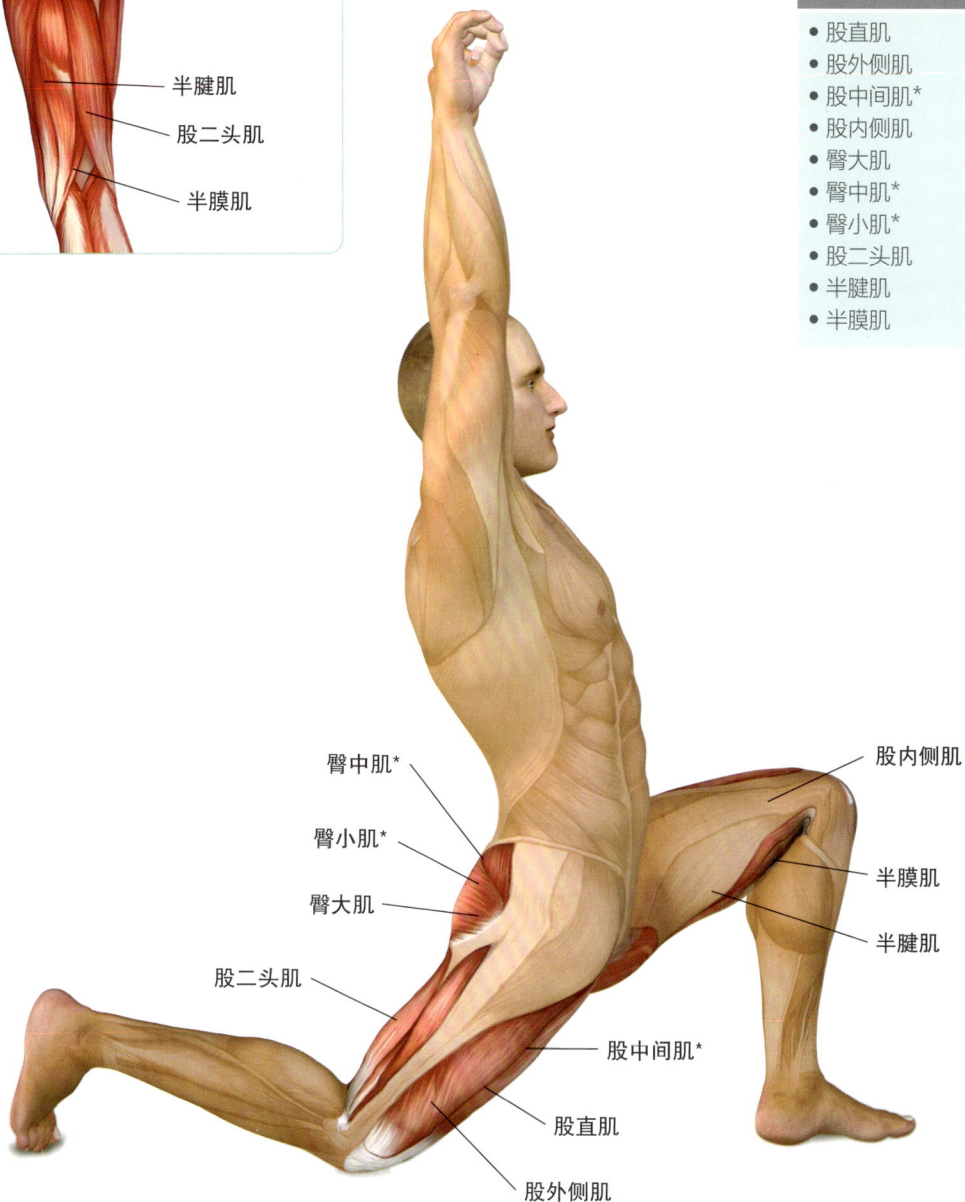

臀中肌*
臀小肌*
臀大肌
股二头肌
股内侧肌
半膜肌
半腱肌
股中间肌*
股直肌
股外侧肌

颈部前屈

正确做法
- 一只手臂放在身体一侧
- 目光落在前方
- 轻轻地伸展身体
- 保持背部挺直

解析关键
粗体字代表此动作锻炼
的目标肌肉
灰色字代表运动到的其
他肌肉
*代表深层肌肉

半棘肌*
夹肌*
斜方肌

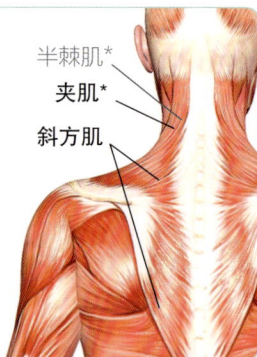

最佳训练部位
- 夹肌*
- 斜方肌*

避免
- 耸肩
- 向前拉伸头部用力过度
  而引起身体不舒服

益处
- 伸展颈部

有助于
- 帮助你消除长期
  使用电脑之后颈
  部产生的压力

❶ 直立站好,将一只手放在头
上。慢慢地朝着胸部方向下
拉你的下巴,直到你的脖子
后面有明显的拉伸感。

❷ 动作持续15秒。放松,然后
重复两侧。换另一只手,再
重复动作组。

颈部侧弯

解析关键

粗体字代表此动作锻炼的目标肌肉

灰色字代表运动到的其他肌肉

*代表深层肌肉

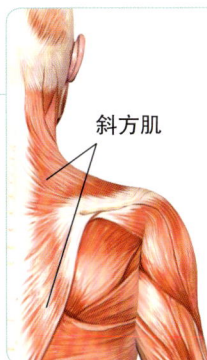
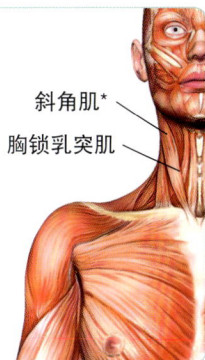

斜方肌

斜角肌*

胸锁乳突肌

避免
- 耸肩
- 太过用力向一侧拉伸颈部

最佳训练部位
- 胸锁乳突肌
- 斜方肌
- 斜角肌*

益处
- 放松颈部两侧

有助于
- 帮助你消除长期使用电脑之后颈部的僵硬

正确做法
- 目光注视前方
- 慢慢地伸展
- 挺直背部

❶ 直立站好。用一只手轻轻地抓住头部的一侧。

❷ 另一只手的手背放在背部，手肘弯曲。

❸ 头部向手肘方向倾斜，直到你能感受到一侧颈部的拉伸感。

❹ 保持15秒。放松，重复2次以上。换另一侧动作，继续重复。

髂胫束伸展

益处
- 伸展髂胫束
- 消除穿高跟鞋带来的疲劳

有助于
- 滑雪
- 跑步
- 骑自行车

① 直立站好，两臂放在身体两侧，两脚交叉，一只脚在前。

正确做法
- 在练习中保持膝盖直立（稍微放松）
- 头部下沉

避免
- 弯曲膝盖或者挺直膝盖
- 向任意一侧扭转脖子、肩膀或者躯干。

② 慢慢地弯腰，两手试着触到地面。

③ 保持15秒。放松，上身慢慢立起。重复另一侧的动作。

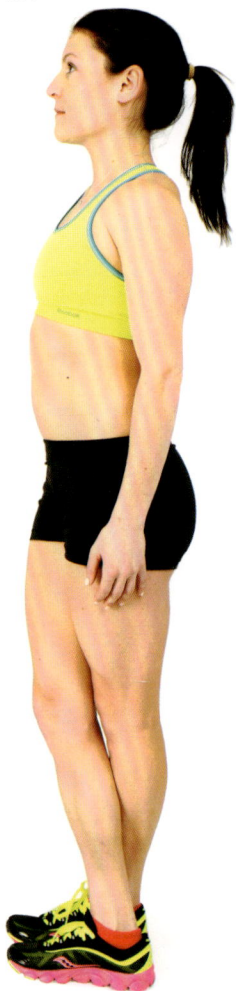

变化练习

难度减小：如果你发现保持这个动作时你的手很难接触地面，那就将手垂在空中。每次伸展的时候试着继续向下触摸地板。

解析关键

粗体字代表此动作锻炼的目标肌肉

灰色字代表运动到的其他肌肉

*代表深层肌肉

最佳训练部位

- 臀大肌
- 半膜肌
- 股二头肌
- 髂胫束

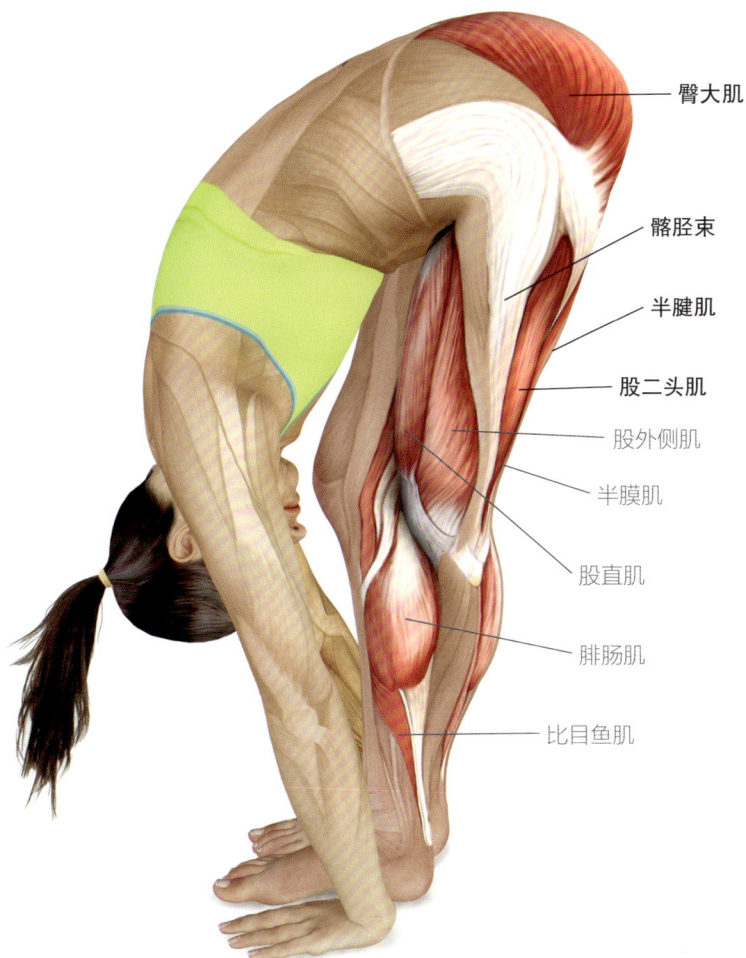

臀大肌

髂胫束

半腱肌

股二头肌

股外侧肌

半膜肌

股直肌

腓肠肌

比目鱼肌

仰卧腘绳肌伸展

伸展放松

① 平躺在地面上，双膝弯曲，双脚平放在地面上。

② 两只手握住一只腿的膝盖。

③ 慢慢将膝盖朝胸部下拉。

正确做法
- 伸腿的时候收缩四头肌
- 较低的那只脚固定在地面上
- 在运动过程中膝盖拉向胸部
- 放松颈部和肩膀

避免
- 头部向上提
- 耸肩
- 保持固定的那条腿向任意一侧移动

益处
- 伸展腘绳肌
- 防止腰背部出现疼痛

有助于
- 所有田径运动

④ 膝盖保持固定，甚至小腿，绷直脚趾。

⑤ 腿部放松。保持你的姿势，将腿向胸部拉伸。

⑥ 放开小腿，回到准备动作的位置，重复另一侧的动作。每条腿重复10次。

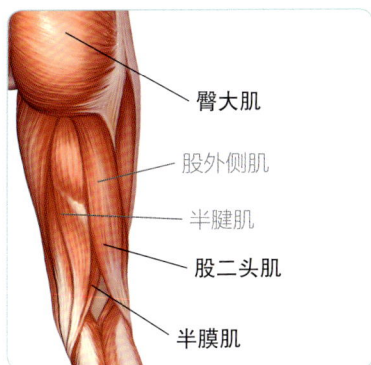

臀大肌

股外侧肌

半腱肌

股二头肌

半膜肌

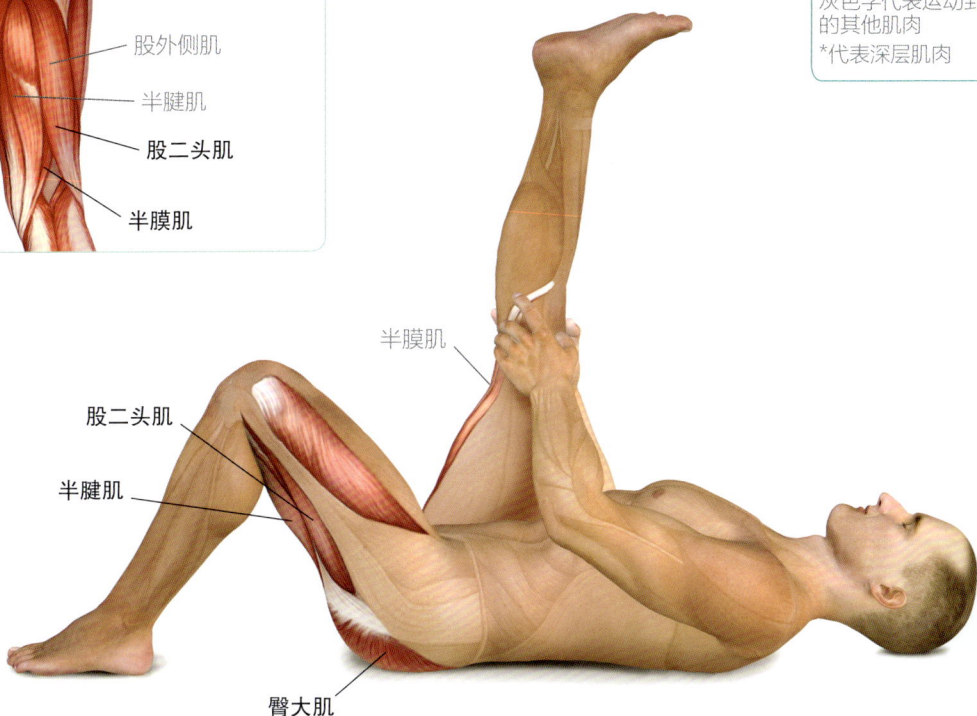

半膜肌

股二头肌

半腱肌

臀大肌

变化练习

难度加大：伸直小腿，平躺在地板上。将膝盖拉向胸部。伸展的同时保持身体姿势不变。

最佳训练部位

- 臀大肌
- 半膜肌
- 股二头肌

侧内收肌伸展

伸展放松

❶ 直立站好，双脚分开，比你的胯部稍宽，脚趾稍稍向外侧。如果你可以的话，将双手放在膝盖上稍作休息。

❷ 保持躯干的稳定，慢慢弯曲双膝。

正确做法
- 脊柱保持自然，躯干面向前
- 伸展的时候肩膀略微向前
- 双脚固定在地面
- 目视前方

益处
- 伸展侧内收肌

有助于
- 跑步
- 滑雪
- 网球

避免
- 弯曲脊柱
- 耸肩
- 颈部过于紧张
- 任意一只脚离开地面
- 弯曲膝盖的时候膝盖超过脚趾

❸ 躯干保持稳定，慢慢地将重心转向身体的一侧，弯曲膝盖，同时伸展另一条腿。

❹ 保持动作，争取保持10秒。放松，回到准备动作的位置，然后重复另一侧的动作。

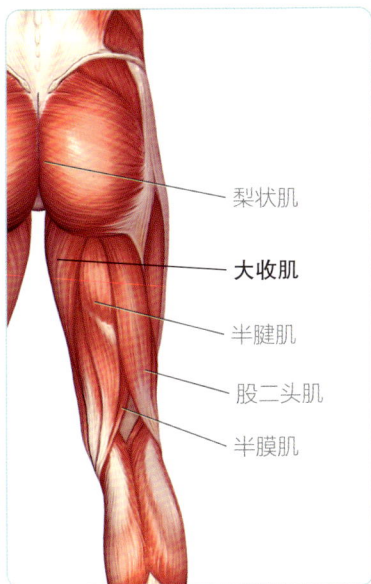

梨状肌

大收肌

半腱肌

股二头肌

半膜肌

最佳训练部位

• 大收肌

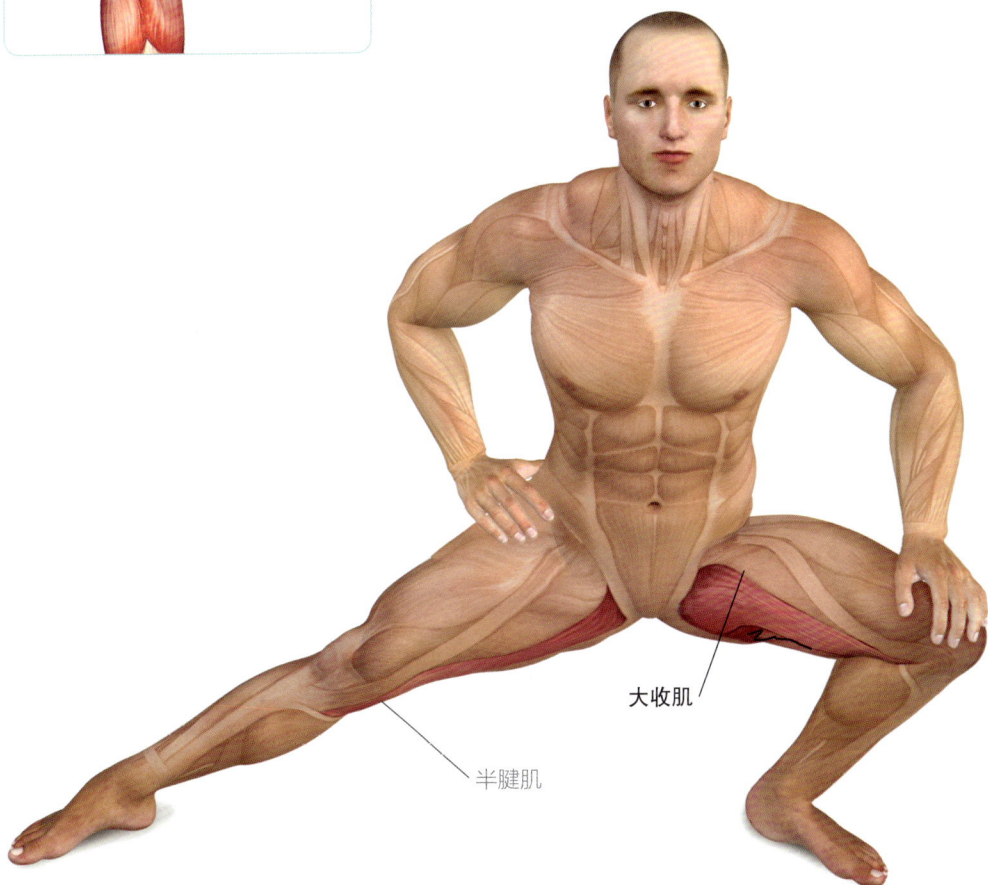

大收肌

半腱肌

眼镜蛇式伸展

伸展放松

① 面朝下躺下。弯曲手肘，将双手平放在胸部旁边的地板上。伸展双腿，双腿向下压，将两脚顶在地板上。

② 深吸一口气，将胸部抬离地面，手掌朝下按着地面。

正确做法
- 保持手肘拉向身体的方向
- 胸背向上挺，不要借助手臂的力量而导致弓背
- 保持肩膀和手肘向后压
- 上举的时候耻骨贴着地板
- 目光凝视前方

益处
- 伸展脊柱以及臀部肌肉
- 伸展胸部、腹部的肌肉以及肩膀

有助于
- 所有运动

避免
- 收紧臀部
- 肘部向两侧张开
- 上提臀部离开地面
- 扭脖子

③ 继续向上抬胸部，同时伸展双臂。

④ 保持15到30秒。呼气，放低身体，平躺在地板上。

最佳训练部位

- 前锯肌
- 肱三头肌
- 腹直肌
- 臀大肌
- 腰方肌*
- 竖脊肌*
- 背阔肌
- 菱形肌*
- 斜方肌*

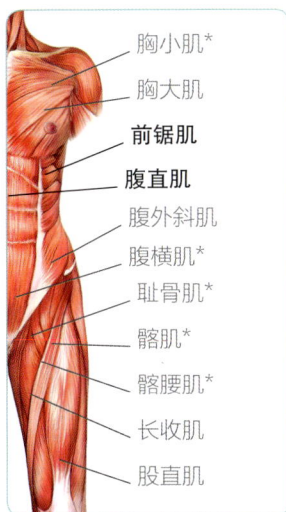

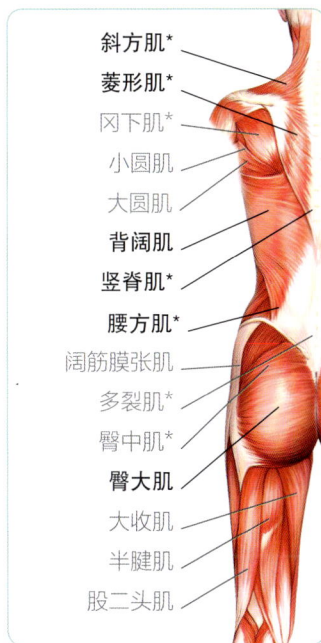

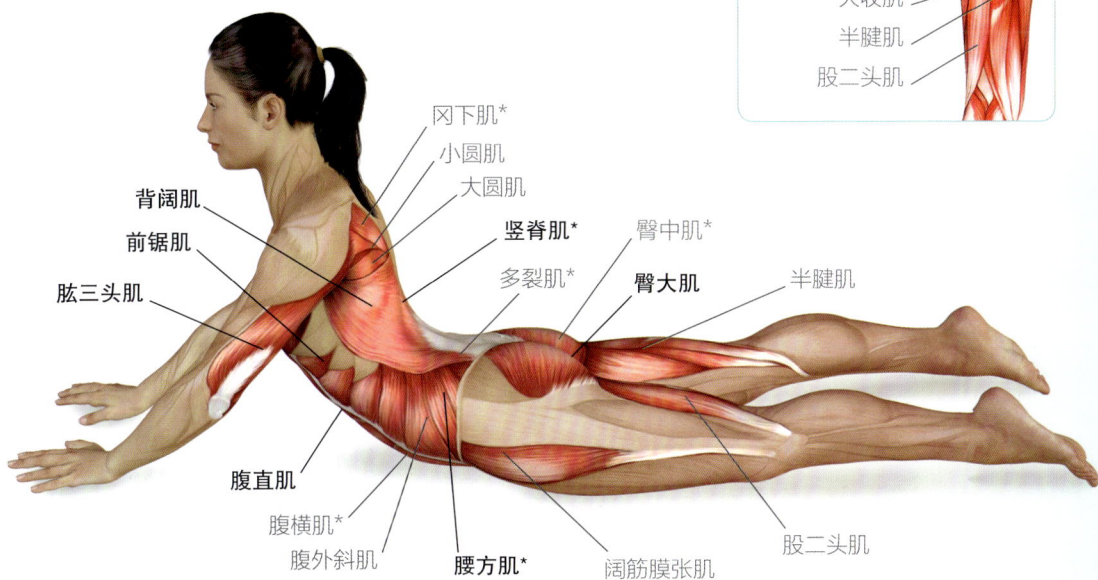

胸小肌*
胸大肌
前锯肌
腹直肌
腹外斜肌
腹横肌*
耻骨肌*
髂肌*
髂腰肌*
长收肌
股直肌

斜方肌*
菱形肌*
冈下肌*
小圆肌
大圆肌
背阔肌
竖脊肌*
腰方肌*
阔筋膜张肌
多裂肌*
臀中肌*
臀大肌
大收肌
半腱肌
股二头肌

背阔肌
前锯肌
肱三头肌
腹直肌
腹横肌*
腹外斜肌
腰方肌*

冈下肌*
小圆肌
大圆肌
竖脊肌*
多裂肌*
臀大肌
臀中肌*
半腱肌
阔筋膜张肌
股二头肌

解析关键

粗体字代表此动作锻炼的目标肌肉
灰色字代表运动到的其他肌肉
*代表深层肌肉

跪式侧抬腿

伸展放松

① 双膝着地，跪在地板上，伸出左腿，右腿放在臀部下方。双手放在头后，手肘向外打开。

② 躯干向右倾斜。

正确做法
- 放松，尽量伸直你的脖子
- 尽可能地拉伸你的大腿
- 在不影响姿势的情况下，尽可能抬高你的腿
- 收紧你的腹肌，尤其是腹斜肌

益处
- 紧实你腹部的肌肉

有助于
- 所有田径运动

避免
- 扭动躯干
- 耸肩
- 弓背或上身前倾
- 绷紧脖子

③ 左脚上抬，离开地面。尽可能抬到胯部的高度。

④ 放下左腿，动作重复3到5次。然后，重复另一侧的动作。

腹直肌

腹横肌*

腹外斜肌

腹内斜肌*

髂腰肌*

髂肌*

阔筋膜张肌

缝匠肌

长收肌

股薄肌*

股外侧肌

背阔肌

臀小肌*

臀大肌

半腱肌

股二头肌

半膜肌

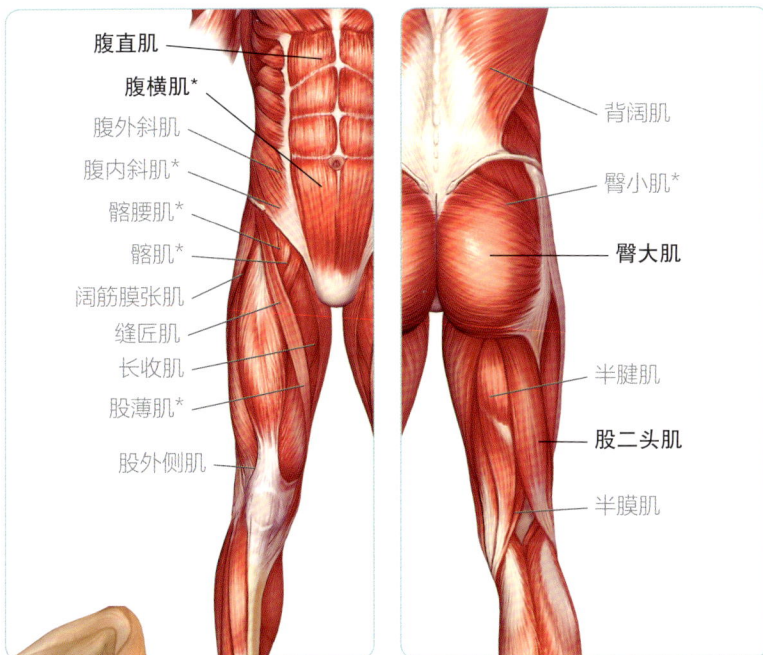

最佳训练部位

- 臀大肌
- 腹直肌
- 股二头肌
- 腹横肌*

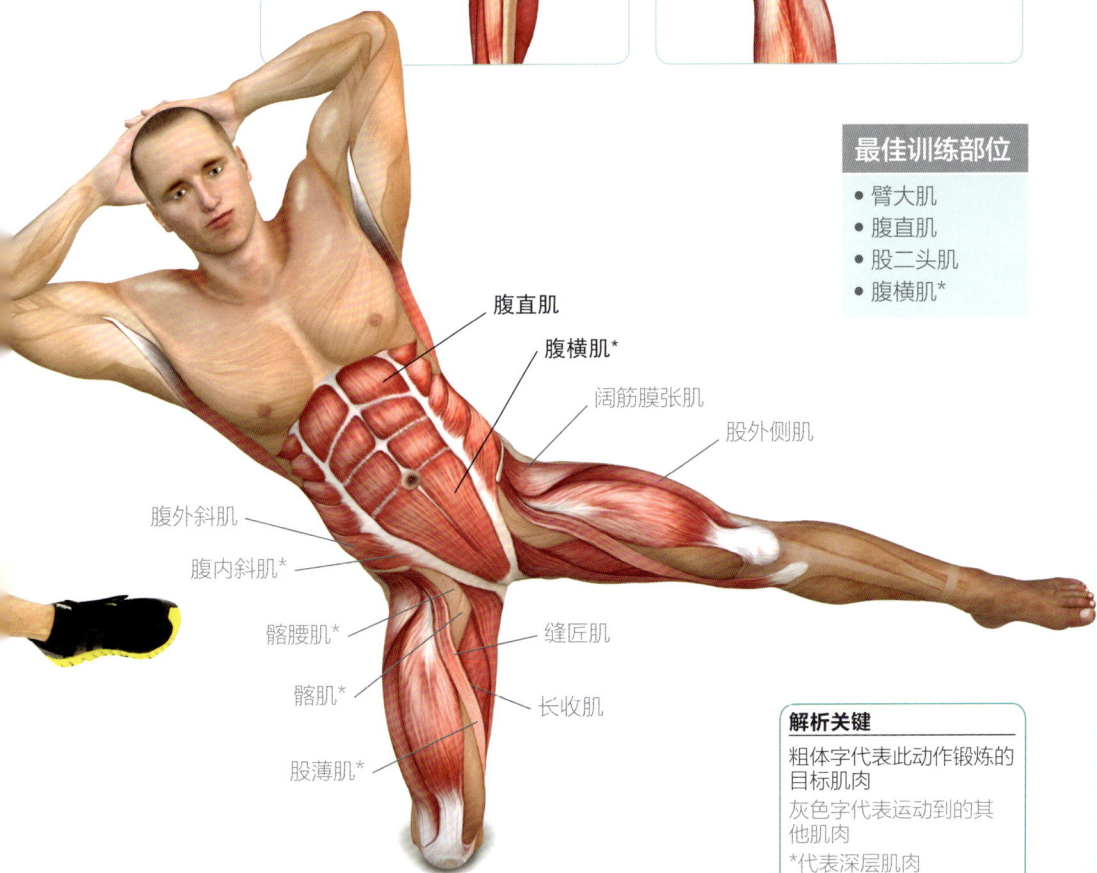

腹直肌

腹横肌*

阔筋膜张肌

股外侧肌

腹外斜肌

腹内斜肌*

髂腰肌*

髂肌*

缝匠肌

长收肌

股薄肌*

解析关键

粗体字代表此动作锻炼的目标肌肉

灰色字代表运动到的其他肌肉

*代表深层肌肉

股四头肌放松

1. 双膝着地，跪在地板上，臀部放在脚后跟上。将泡沫轴放置双膝下。

2. 抬起臀部，使臀部离开脚后跟，上身放在泡沫轴上，手掌支地。向后伸展双腿，使你的上身形成一条直线。

3. 向前滚动身体，直到泡沫轴滚动到你的膝盖之下。接着，滚回到准备动作的位置。重复动作15次。

避免
- 扭动脖子
- 向任意一侧扭动躯干

益处
- 放松筋膜
- 提高关节活动度
- 放松四头肌

有助于
- 所有运动

正确做法
- 前后滚动的时候手掌撑地
- 绷紧脚趾
- 向内收紧腹部肌肉
- 手掌固定在地板上
- 目光凝视地板

最佳训练部位
- 腹直肌
- 股外侧肌
- 股中间肌*
- 股内侧肌

解析关键
粗体字代表此动作锻炼的目标肌肉
灰色字代表运动到的其他肌肉
*代表深层肌肉

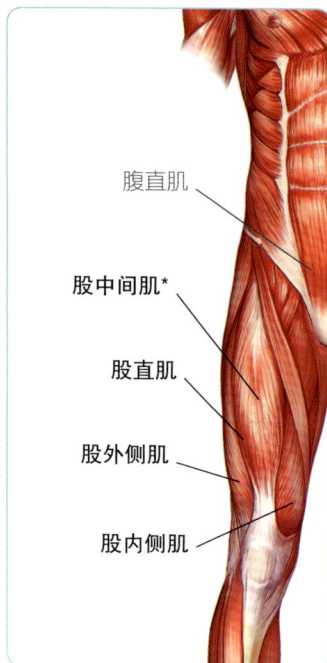

腹直肌
股中间肌*
股直肌
股外侧肌
股内侧肌

腘绳肌放松

① 坐在地板上，双手放在身后。将泡沫轴放在膝盖下方。伸展双腿，脚后跟稍稍离地。

② 借助手臂的力量，将身体向前推，使泡沫轴滚至大腿根部。

③ 滚动回到准备动作的位置。动作重复15次。

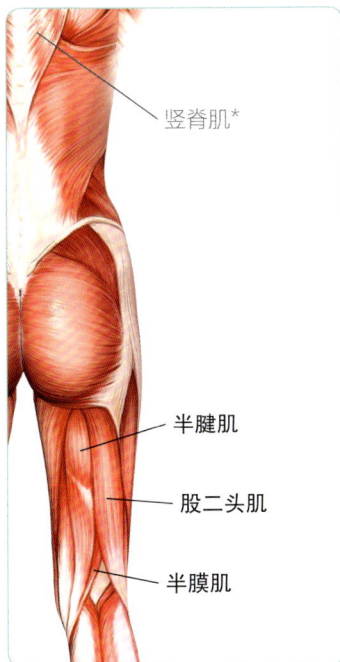

竖脊肌*

半腱肌

股二头肌

半膜肌

正确做法
- 前后滚动的时候手掌撑地
- 收紧手臂和腹部肌肉
- 目光凝视前方
- 滚动的时候保持双腿伸直

避免
- 将泡沫轴固定在膝盖下
- 小腹向外凸起
- 臀部扭向任意一侧
- 手掌离地

解析关键
粗体字代表此动作锻炼的目标肌肉
灰色字代表运动到的其他肌肉
*代表深层肌肉

益处
- 缓解腘绳肌的紧张感
- 提高关节活动度

有助于
- 所有运动

最佳训练部位
- 腹直肌
- 半腱肌
- 半膜肌

臀肌放松

❶ 坐在地板上，两手手掌放在身后的地板上。将泡沫轴放在上臀部的下方。伸直双腿，脚后跟着地。

❷ 控制你的身体，慢慢向后滚动，使泡沫轴滚到下臀部。

❸ 回到准备动作的位置。动作重复10次。

正确做法
- 平稳流畅地运动
- 收紧手臂和腹部肌肉
- 手掌固定在地面上
- 目光凝视前方

益处
- 缓解久坐不动引起的臀部肌肉的紧张感
- 提高关节活动度

有助于
- 所有运动

避免
- 弓背
- 扭转躯干
- 手掌离地

腹直肌

臀中肌*

臀小肌*

臀大肌

最佳训练部位
- 臀大肌
- 臀中肌*
- 臀小肌*

解析关键
粗体字代表此动作锻炼的目标肌肉
灰色字代表运动到的其他肌肉
*代表深层肌肉

背阔肌放松

① 右侧身躺下，将泡沫轴放在上胸部的下方，伸展双腿。将右前臂放在地板上，借助右臂的力量支撑躯干。

② 弯曲左腿，交叉放置在右腿上，左脚放在地面上。

③ 左腿用力下压，将泡沫轴沿着躯干的方向滚动。

④ 慢慢地滚动泡沫轴，回到准备动作的位置。动作重复5次，接着重复另一侧的动作。

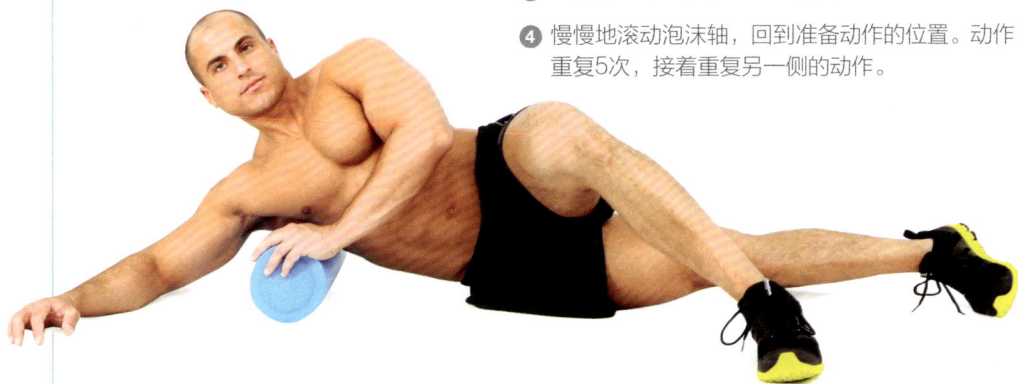

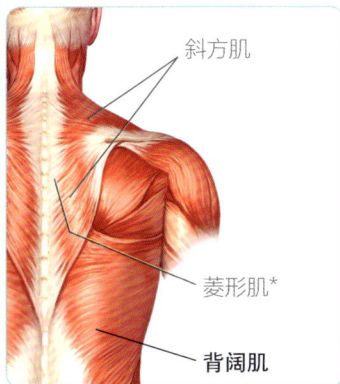

斜方肌

菱形肌*

背阔肌

最佳训练部位
- 背阔肌

解析关键
粗体字代表此动作锻炼的目标肌肉
灰色字代表运动到的其他肌肉
*代表深层肌肉

避免
- 弓背
- 耸肩
- 绷紧脖子

正确做法
- 平稳流畅地运动
- 收紧腹部肌肉
- 前臂固定在地面上
- 双肩朝着后背的方向下压
- 目光凝视前方

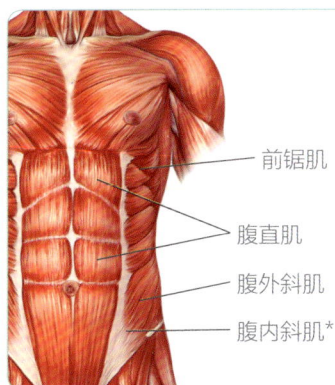

前锯肌

腹直肌

腹外斜肌

腹内斜肌*

益处
- 缓解背阔肌的紧张感
- 提高关节活动度
- 增强肩胛骨的稳定性，紧实侧躯干的肌肉

有助于
- 所有运动

阔筋膜张肌放松

① 右侧身躺下，伸展双腿，让你的身体形成一条线。将泡沫轴放在大腿上部的下方。

② 弯曲左腿，交叉放置在右腿前，将左脚放在地板上。

避免
- 弓背
- 耸肩
- 绷紧颈部

益处
- 缓解后背的酸痛感
- 提高关节活动度
- 加强肩胛骨的稳定性，加强横向躯干肌的力量

有助于
- 所有运动

正确做法
- 平稳流畅地运动
- 收紧手臂和腹部肌肉
- 手掌固定在地面上
- 双肩朝着后背的方向下压
- 目光凝视前方

③ 左腿向下压，将泡沫轴沿着大腿向下滚动。

④ 慢慢地滚回准备动作的位置。重复5次。换另一只腿，重复动作。

解析关键

粗体字代表此动作锻炼的目标肌肉

灰色字代表运动到的其他肌肉

*代表深层肌肉

最佳训练部位

- 阔筋膜张肌

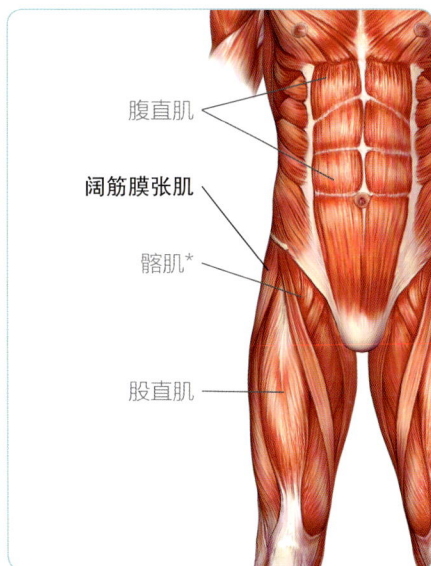

腹直肌

阔筋膜张肌

髂肌*

股直肌

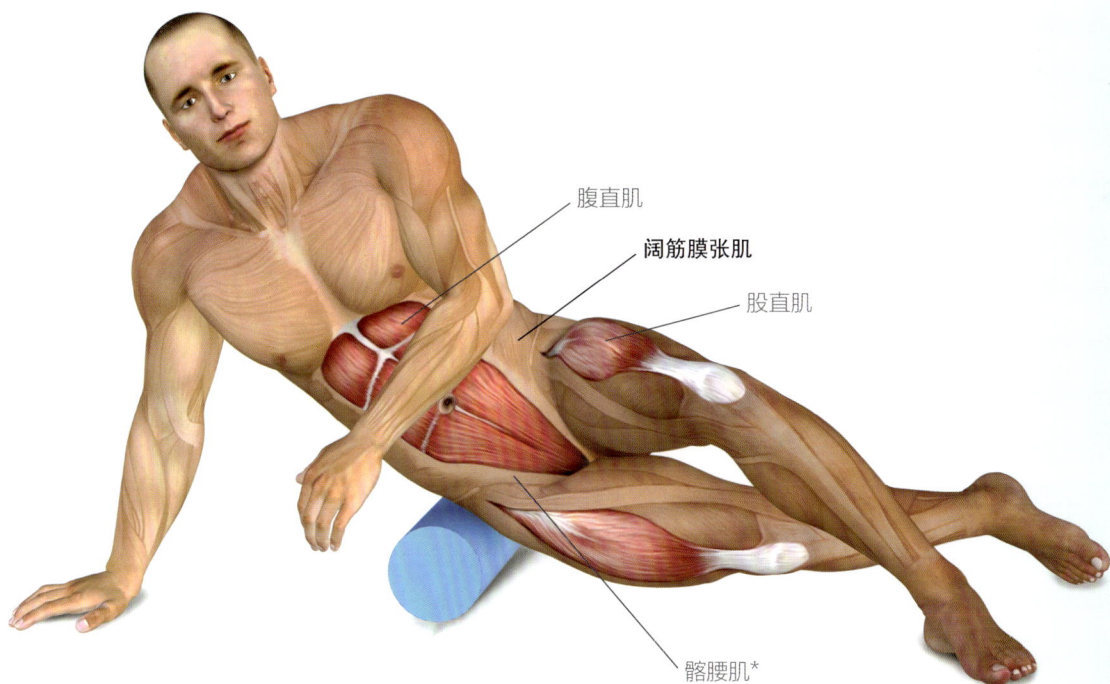

腹直肌

阔筋膜张肌

股直肌

髂腰肌*

背部放松

① 双腿弯曲坐下，伸直双腿，双臂放在身体两侧，手掌着地。将泡沫轴放在身后。

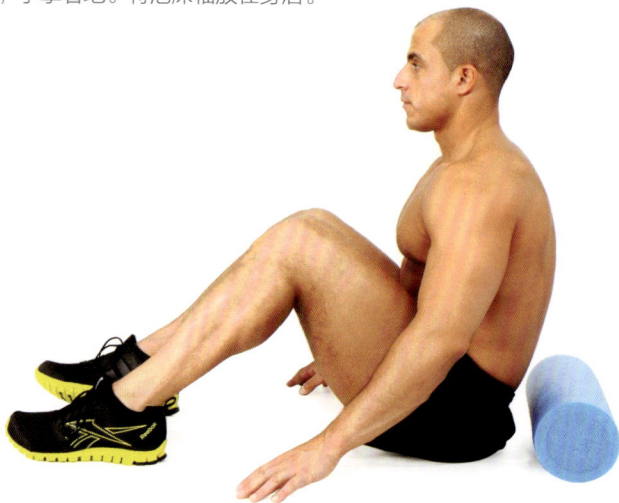

避免
- 弓背
- 耸肩
- 绷紧颈部

益处
- 缓解背部的紧张感
- 提高关节活动度

有助于
- 所有运动

② 伸直双腿，身体向后倾，后背靠在泡沫轴上，收紧核心肌群。

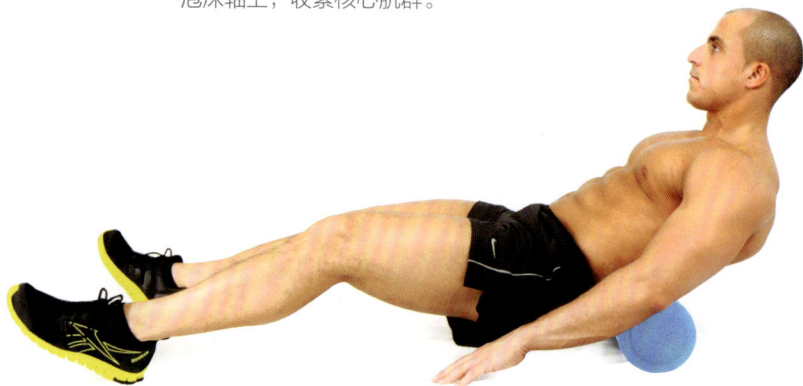

正确做法
- 平稳流畅地运动
- 利用手臂、大腿和腹部肌肉来完成动作
- 手掌固定在地面上
- 肩膀下移
- 目光凝视前方

③ 慢慢地将泡沫轴向前滚动，直
到泡沫轴滚至上背部的下方。

④ 继续滚动，将泡沫轴滚动回
准备动作的位置。动作重复5
次。如果你可以的话，再重复
5次。

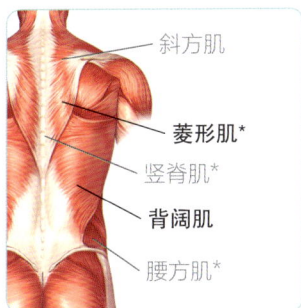

斜方肌
菱形肌*
竖脊肌*
背阔肌
腰方肌*

最佳训练部位	解析关键
• 背阔肌 • 菱形肌*	粗体字代表此动作锻炼的目标肌肉 灰色字代表运动到的其他肌肉 *代表深层肌肉

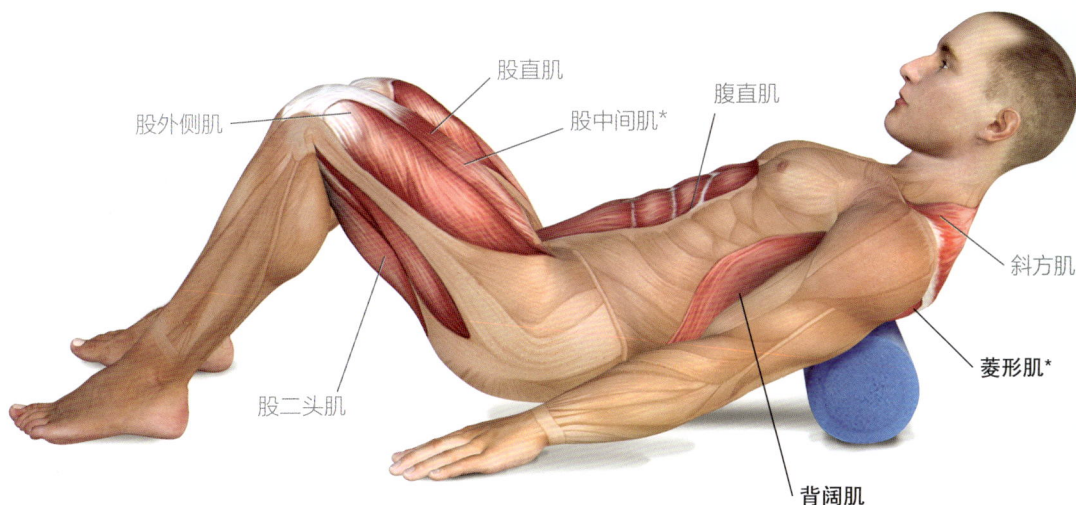

股外侧肌
股直肌
股中间肌*
腹直肌
斜方肌
菱形肌*
股二头肌
背阔肌

穿针引线式

① 上身直立坐好，双手放在身体两侧的地面上，手掌着地。将泡沫轴放在双膝之下。

② 双腿保持稳定，双手下压，慢慢提高臀部，直到臀部与双膝齐平。

正确做法
- 保持躯干挺直，面向前方
- 收紧腹部肌肉

避免
- 向任意一侧扭转
- 腹部肌肉向外凸起
- 扭脖子
- 尽可能稳定地将手臂固定在地面上
- 手腕或肩膀疼痛的时候做这项练习

益处
- 增强核心肌群、盆骨以及肩膀的稳定性
- 紧实肱三头肌和核心肌群

有助于
- 所有运动，尤其是那些对平衡感有要求的运动

③ 利用手臂的力量，将臀部移至手臂后方。滚动腿下的泡沫轴。稍稍低头，使你的目光直视大腿。

④ 控制你的身体，慢慢地移动，回到准备动作的位置。臀部离开地面，保持这个动作。重复整个动作组，争取做15次。

胸小肌*
胸大肌
前锯肌
腹横肌
腹外斜肌
腹内斜肌*
腹横肌*
股直肌
股中间肌*

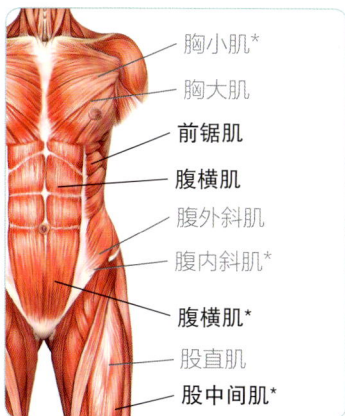

最佳训练部位

- 阔筋膜张肌*
- 前锯肌
- 三角肌
- 腹直肌
- 腹横肌*
- 股中间肌*

解析关键
粗体字代表此动作锻炼的目标肌肉
灰色字代表运动到的其他肌肉
*代表深层肌肉

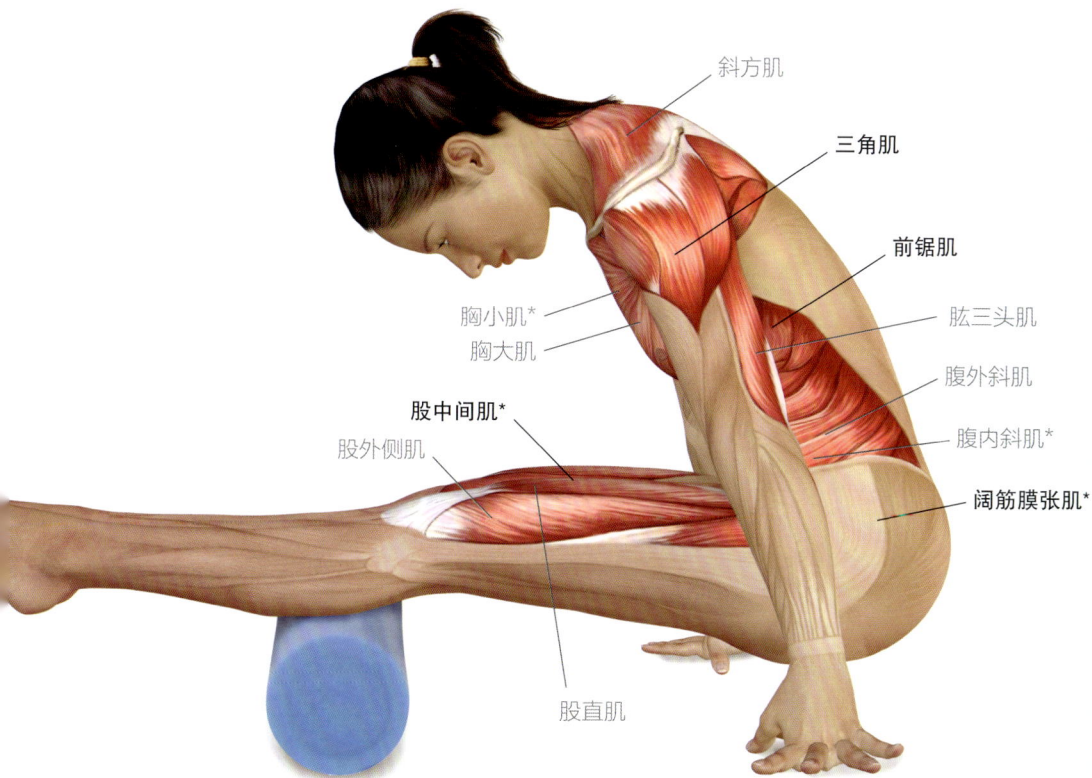

斜方肌
三角肌
前锯肌
肱三头肌
胸小肌*
胸大肌
腹外斜肌
腹内斜肌*
股中间肌*
股外侧肌
阔筋膜张肌*
股直肌

训练计划

现在，你已经对这本书中的各种练习非常熟悉了。你可以试着在你的日常生活中将这些练习组合在一起进行训练。每天早上，当闹钟响起的时候，赶快从床上爬起来，做一做健身塑形练习。当你背着巨大的公务袋，或者踩着高跟鞋，追赶着回家的火车，压力缓解练习能够帮助你释放一天的疲劳。这些针对性训练计划能让你从头到脚感受到功能性训练带给你的益处。

健美塑身练习

训练计划

这个极具挑战性的计划能产生大量的能量，在运动的过程中会消耗大量的卡路里。记得在练习过程中，保持均匀的速度。

❶ 热身障碍训练，第20页

❷ 八字形练习，第76页

❸ 提膝旋转，第48页

❹ 侧身弓步伸展，第72页

❺ 提膝侧平举，第78页

❻ 功能性站立深蹲俯卧撑，第32页

❼ 登山者，第34页

❽ 跪式侧抬腿，第132页

❾ 举踵过头上推，第70页

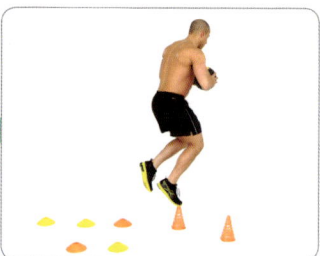

❿ 障碍挑战，第96页

核心肌肉练习

想象着你的肚脐朝着脊柱的方向向内压，放松你的两个肩膀，收紧臀部的肌肉，你会感受到正在运动着的肌肉的强健以及功能性训练带给你的强烈感受。

❶ 功能性站立深蹲俯卧撑，第32页

❷ 登山者，第34页

❸ 坐式俄罗斯扭转，第86页

❹ 击打脚跟，第50页

❺ 游泳，第52页

❻ 跪式侧抬腿，第132页

❼ 伸展俯卧撑，第44页

❽ 瑞士球屈臂上拉，第88页

❾ 眼镜蛇式伸展，第130页

❿ 臀肌放松，第136页

工作—娱乐间隙塑身练习

训练计划

这一套练习不仅不会占用你夜晚的大好时光，还能帮助你紧实手臂以及后腿部的肌肉。在练习结束的时候，坚持10秒的髂胫束伸展，然后脊柱一节一节地挺起，慢慢地起身。

❶ 眼镜蛇式伸展，第130页

❷ 全身滚翻，第60页

❸ 瑞士球架臀桥，第56页

❹ 引体向上悬垂举腿，第58页

❺ 游泳，第52页

❻ 三头肌回旋上推，第82页

❼ 臀肌放松，第136页

❽ 背阔肌放松，第137页

❾ 仰卧腘绳肌伸展，第126页

❿ 髂胫束伸展，第125页

大腿放松练习

每周练习两次，不论你是男是女，这套动作都能帮助你塑造完美的腿部线条。小提示：在办公桌旁就能完成这个动作。

❶ 椅式曲膝，第26页

❷ 椅式深蹲，第28页

❸ 前腿肌伸展，第40页

❹ 斜向划臂，第22页

❺ 横向扩张反向弓箭步，第24页

❻ 单腿深蹲过头上推，第30页

❼ 胸肌伸展，第115页

❽ 四头肌伸展，第117页

❾ 三头肌伸展，第114页

❿ 小腿肌伸展，第116页

提神练习

这套练习能够帮你训练你的胸上肌、胸固有肌以及你的核心肌群和后背部。在练习的过程中，尽量地保持脊柱呈自然弯曲状态，既不要弓背，也不要上身前倾。当你在做提举中的弯腰动作时，控制你的身体，平稳而流畅地完成动作。

❶ 提膝旋转，第48页

❷ 弓步跳，第36页

❸ 单腿深蹲过头上推，第30页

❹ 单腿台阶跳，第42页

❺ 瑞士球屈臂上拉，第88页

❻ 瑞士球折叠跳，第38页

❼ 提举，第80页

❽ 胸前弯举瑞士球深蹲，第90页

❾ 伸臂平板支撑，第46页

❿ 击打脚跟，第50页

强度与延伸练习

灵活的手臂、大腿以及向内收紧的腹部能够帮助你更好地完成这个全身性练习。控制你的动作，将重心放在平衡上。如果你出现了肌肉抽搐、肢体晃动或者弓背等情况，你可以停下来稍作休息。

❶ 转体后抬臂，第102页

❷ 髋关节伸展反向后拉，第110页

❸ 高翻上举，第66页

❹ 侧身弓步伸展，第72页

❺ 胸前弯举瑞士球深蹲，第90页

❻ 举踵过头上推，第70页

❼ 侧内收肌伸展，第128页

❽ 胸肌伸展，第115页

❾ 梨状肌伸展，第118页

❿ 全身翻滚，第60页

背部护理练习

不论是挥动网球拍打球还是坐在驾驶座开车，在这些活动中，你的背部起着最主要的作用。进行以下这些练习，好好地护理你的背部，并且牢记这句话：如果某个运动导致身体不适，停下来吧。

❶ 全身翻滚，第60页

❷ 斜向划臂，第22页

❸ 深蹲划船，第104页

❹ 梨状肌桥式伸展，第54页

❺ 引体向上悬垂举腿，第58页

❻ 游泳，第52页

❼ 颈部侧弯，第123页

❽ 背阔肌放松，第137页

❾ 眼镜蛇式伸展，第130页

❿ 背部放松，第140页

压力缓解练习

当你的身体感觉到压力、紧张或者僵硬的时候，这套练习可以帮你伸展肢体，释放压力。

1 股四头肌放松，第134页

2 腘绳肌放松，第135页

3 臀肌放松，第136页

4 背阔肌放松，第137页

5 阔筋膜张肌放松，第138页

6 背部放松，第140页

7 穿针引线式，第142页

8 颈部前屈，第122页

9 颈部侧弯，第123页

10 髂胫束伸展，第124页

健身房综合练习

如何进行这套健身房综合练习：当你感觉某些动作会引起你身体的不适，你应该换一个动作来做，而不是将这个动作一遍又一遍地重复。

❶ 功能性深蹲俯卧跳，第32页

❷ 伸展俯卧撑，第44页

❸ 高翻上举，第66页

❹ 后弓步胸前推，第106页

❺ 深蹲推举，第108页

❻ 冲拳扭转弓步走，第64页

❼ 提举，第80页

❽ 侧步曲腿，第92页

❾ 交叉登步，第94页

❿ 转体后抬臂，第102页

⑪ 侧身弓步伸展，第72页

⑫ 提膝侧平举，第78页

⑬ 伐木术，第100页

⑭ 卧式直腿侧平举，第84页

⑮ 瑞士球屈臂上拉，第88页

⑯ 三头肌回旋上推，第82页

⑰ 曲膝投球，第68页

⑱ 髋关节到大腿部伸展，第120页

⑲ 三头肌伸展，第114页

⑳ 眼镜蛇式伸展，第130页

身体平衡练习

训练计划

这套练习将会帮助你培养身体的平衡感。在运动的过程中保持呼吸，在准备的时候吸气，在动作完成的同时大口地呼气。运动时，想象你的身材变得越来越苗条，你的体格变得越来越健美。

❶ 提膝旋转，第48页

❷ 后弓步胸前推，第106页

❸ 深蹲推举，第108页

❹ 伸臂平板支撑，第46页

❺ 髋关节伸展反向后拉，第110页

❻ 跪式侧抬腿，第132页

❼ 瑞士球折叠跳，第38页

❽ 前腿肌伸展，第40页

❾ 单腿台阶跳，第42页

⑩ 穿针引线式，第142页

⑪ 四头肌伸展，第117页

⑫ 侧内收肌伸展，第128页

⑬ 阔筋膜张肌放松，第138页

⑭ 背部放松，第140页

⑮ 胸肌伸展，第115页

⑯ 三头肌伸展，第114页

⑰ 小腿肌伸展，第116页

⑱ 眼镜蛇式伸展，第130页

术语表

abduction（外展训练）：朝着身体外侧进行的运动。

adduction（内展训练）：朝着身体内侧进行的运动。

anterior（前侧）：位于前部的。

cardiovascular exercise（心血管锻炼）：任何有助于增加心率，制造氧气，以及丰富血液营养的肌肉运动。

cardiovascular system（心血管系统）：分布全身的血液循环系统，包括心脏、肺、动脉、静脉以及毛细血管。

core（核心肌群）：指的是位于脊椎附近，对全身具有结构性支撑作用的深层肌肉。核心肌群分为大核心肌群和小核心肌群。大核心肌群主要集中于躯干部分，包括腹部以及中背部和后背部。这一部分还包括盆底肌（提肛肌、耻尾肌、髂尾肌、耻骨直肠肌以及尾骨肌）、腹部肌肉（腹直肌、腹横肌*、腹外斜肌、腹内斜肌*）、脊柱伸肌（椎棘多裂肌*、竖脊肌*、夹肌*、胸最长肌以及半脊肌*)以及隔膜。小核心肌群包括背阔肌、臀大肌、斜方肌（上、中、下）。在运动的过程中，小核心肌群与大核心肌群协同运动，增加身体的稳定性。

crunch（腹肌收缩）：一个常见的腹肌练习动作。要求平躺在地板上，双手放在头后，弯曲膝盖，双肩找盆骨。

curl（卷曲）：针对肱二头肌的一项练习，要求在卷曲动作中，借助身体的重力使肢体形成一定的弧度。

dead lift（提举）：弯腰弓步，下身保持稳定，将如杠铃这样的重物举起离开地面。

dumbbell（哑铃）：一个基础性运动器材，横杠的两侧安有适当重量的哑铃片。运动员在锻炼的过程中可以单手持哑铃，也可双手持哑铃。大多数健身房提供的哑铃带有标记重量的哑铃片，而许多供家庭使用的哑铃带有调整片从而帮助你改变哑铃的重量。

dynamic exercise（有氧动态运动）：同时锻炼到关节和肌肉的练习。

extension（伸展运动）：矫直四肢的动作。

extensor muscle（伸展肌）：帮助肢体向四周伸展的肌肉。

flexion（弯曲）：关节弯曲。

flexor muscle（屈肌）：减少两骨之间角度的肌肉，如弯曲手肘或者将大腿朝着胃上提的时候。

fly（伸展）：在这项运动中，手和手臂有弧度地打开，手肘保持固定的角度。伸展能锻炼到上半身的肌肉。

iliotibial band, ITB（髂胫束）：位于大腿外侧的由纤维组织组成的一条厚厚的纤维带，分布在臀部到膝关节下方的胫骨的外侧。髂胫束通常同大腿上的其他肌肉协同运动，帮助膝关节外侧的部位增加稳定性。

lateral（外侧）：位于外侧或向外伸展。

medial（内侧）：位于中间或向内伸展。

medicine ball（实心健身球）：一个有一定重量的球体，通过为传统训练增加重量来达到强度训练的目的。

neutral position spine（脊柱自然曲线）：后背脊柱呈现S形（前凸后弯）。

posterior（后部）：位于后方的。

press（按压）：需要将身体的重力或其他阻力从身体转移到其他地方的运动。

range of motion（关节活动度）：关节在弯曲姿势或者伸展姿势时能移动的距离和方向。

resistance band（弹力带）：能用于阻力练习的橡胶胶管或者扁平的带子，也被叫做"健身带（fitness band）"，"拉伸带（stretching band）"或者"伸展管（stretch tube）"。

rotator muscle（回旋肌）：协助如臀部关节或者肩部关节旋转的一组肌肉。

scapula（肩胛骨）：上背部上凸起的骨头，也写做shoulder blade。

squat（深蹲）：弯曲双膝，臀部下移的同时身体重心下移（负重同样下移），然后回到直立的姿势。深蹲主要锻炼大腿、髋部、臀部的肌肉以及腘绳肌。

static exercise（静态练习）：在特定时间进行的一种关节不活动的等距运动。

Swiss ball（瑞士球）：一个灵活的、可充气的聚氯乙烯球，球体周长多为35到86厘米，多用于重力练习、物理治疗、平衡性训练或者其他练习。也被称为"瑞士球（balance ball）""健身球（fitness ball）""抗力球（stability ball）""运动球（exercise ball）""韵律球（gym ball）""物理治疗球（physioball）""形体球（body ball）"或者其他名字。

warm-up（热身）：任意形式的短时间轻度练习，能够帮助身体为更激烈的活动做好准备。

weight（负重）：指的是重力碟、重力堆或者健身棒或哑铃上表明的实际磅数。

工作人员及致谢

摄影

本书摄影由FineArtsPhotoGroup完成

模特：约瑟夫・本尼迪克特，吉莉安・朗格瑙

插图

除了第12页、13页以外所有的大型插图均由印度赫克托尔・艾萨/3D动画实验室
（Hector Aiza/3D Labz Animation India）制作。 第12、13页的全身解剖图由琳
达・巴克林快照（Linda Bucklin / Shutterstock）制作。

致谢

作者和出版商同样向参与制作本书的伙伴们表示感谢：莫斯利路股份有限公司，总
裁肖恩・摩尔，总经理凯伦・普林斯，艺术总监蒂娜・沃恩，制作总监亚当・摩尔
以及设计师希瑟・麦克凯莉。

卡捷琳娜的致谢

我要感谢我的父亲，已故牧师约翰・斯皮里奥，他曾经告诉我生活中的每一天都要
坚持锻炼。我要感谢我的母亲，苗条而健康的玛丽，她为我树立了良好的榜样。同
时我要感谢我的女儿阿里阿德涅和亚历山德拉，她们是我变美好的最大动力。

埃丽卡的致谢

非常感谢丽莎・珀塞尔。丽莎参与了这一系列的策划，为本书以及其他即将出版的
书籍奠定了基础。非常感谢霍里斯・利博曼。霍里斯曾为肌肉解析图提出宝贵的建
议，有出色的表现。非常感谢丹尼尔・斯卡拉穆佐完成的早期设计。就个人而言，
我非常感谢一直支持我的父亲萨姆・ 马林，我的文法启蒙师马里恩・沃尔夫陶以及
玛丽尔・高德，以及我的姐妹和好朋友们。